Albrecht Mayer

Heidi Friedrich

Klangwunder

ALBRECHT MAYER
Heidi Friedrich

Klangwunder

Wie die Kraft der Musik mich geheilt hat

adeo

Für meinen Vater

INHALTSVERZEICHNIS

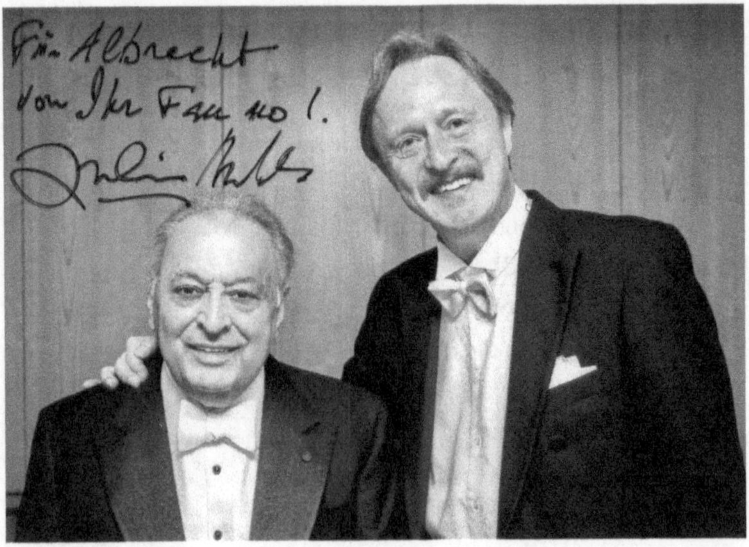

Für Albrecht
von Ihr Fan No.1
Zubin Mehta

Vorwort

Seit über 30 Jahren habe ich die große Freude, mit Albrecht Mayer in zahlreichen Konzerten zu musizieren. Dass dieser beseelte Musiker nun einen so tiefen Blick auf seine persönliche Geschichte und seinen Weg zulässt, so tief in Höhen und Tiefen eines besonders reichen Musikerlebens blicken lässt, ist außergewöhnlich und wird sicher viele Fans beglücken und viele junge Musiker inspirieren.

Albrecht Mayer repräsentiert die beste europäische Oboenschule, und ich bin sicher, dass künftige Generationen von Oboisten sich auf ihn berufen und seine Ideen weiterleben werden.

Mir bleibt, ihm Respekt für dieses Abenteuer zu zollen und mich auf unser nächstes Wiedersehen und -hören zu freuen, denn im Zentrum dieses Buches steht mit Worten Unfassbares: Albrecht Mayers einzigartige Kunst.

In tiefer Verbundenheit und Bewunderung
Zubin Mehta

1

Ein stotterndes Enfant terrible

Die Versuchung war einfach zu groß. Ich musste sie berühren. Streicheln. Liebkosen. Sie war so wunderschön. Noch nie hatte ich so etwas Wundervolles gesehen. Ich war magisch von ihr angezogen. Aber ich wusste doch, dass es verboten war. Nein, ich durfte es nicht tun, nicht meine Hand nach ihr ausstrecken, sie nicht halten und sanft an mich drücken. Deshalb näherte ich mich ihr ganz langsam, fast auf Zehenspitzen. Damit mich niemand hörte. Ich sah mich immer wieder um, als ich durch das Haus schlich. Immer wieder blieb ich stehen und zögerte. Nur noch ein paar Schritte … Alles war ganz still.

Ich wollte mir einen Moment der Nähe mit ihr stehlen, einen ganz nahen Blick wagen, sie einmal allein für mich haben, die „weiße Göttin". So wurde sie ehrfurchtsvoll genannt. Ich war nur noch einen Schritt von ihr entfernt, konnte ihre ebenmäßigen Konturen bereits gut erkennen. Doch nur ansehen genügte mir einfach nicht. Es musste mehr sein. Ich nahm die kostbare antike weiße Meerschaum-Pfeife mit dem kleinen geschnitzten Pferd und Reiter behutsam vom Kaminsims.

Unser Wohnzimmer verwandelte sich zum Tempel. Ich wähnte mich gerade im großen Glück, ihre delikaten Züge bestaunen zu dürfen und ihre Geschmeidigkeit zu spüren. Da passierte es. Mein Vater betrat genau in diesem Moment meiner größten Glückseligkeit den Raum. Er hatte mich ertappt.

Sein lautes, herrisches „Was habe ich Dir gesagt?! Du sollst sie nicht anfassen!“, mit dem er mich urplötzlich anschrie, erschreckte mich derart, dass ich die Skulptur fallen ließ. Zu groß war der Schreck.

Nun lagen Pferd und Reiter zerbrochen am Boden. Der rote Perserteppich übersät mit weißen Scherben. Die überirdische Schönheit dahin. Vor Schreck erstarrte ich, mein Blick gebannt auf das rot angelaufene Gesicht meines erzürnten Vaters. Ich wusste blitzartig, was mir drohte.

Tatsächlich geriet mein Vater innerhalb von Sekunden so sehr in Rage, dass er mir in den darauffolgenden Minuten die schlimmsten Prügel meiner gesamten Kindheit verpasste. Es schallte durch das ganze Haus, als er aus Leibeskräften schrie: „Ich habe Dich gewarnt! Ich wusste, Du würdest es kaputt machen, wenn Du es anfasst!“ Mit einem Bambusstab, einem sogenannten spanischen Rohr, der griffbereit immer auf dem Schrank lag, drosch er derart auf mich ein, dass meine Mutter eingreifen und uns vor Schlimmerem bewahren musste. Er hatte offensichtlich die Kontrolle über sich verloren. Ihr mehrfach mahnendes „Hans!“ brachte ihn irgendwann wieder zur Raison. Unter Schluchzen verzog ich mich, so schnell ich konnte, in mein Zimmer.

𝄞

Ich muss bei diesem Desaster etwa zehn Jahre alt gewesen sein. Szenen dieser Art waren in meiner frühen Kindheit aber keine Seltenheit. Als Bub hatte ich praktisch immer das Gefühl, alles falsch zu machen und mit meiner Tollpatschigkeit meine Umwelt zu stören – trotz meiner allerbesten Absichten. Hatte ich etwas vor, musste es schieflaufen. Nahm ich etwas in die Hand, würde es in tausend Stücke zerschellen. Ich könne nichts richtig machen, kein Vorhaben würde mir gelingen, davon war ich dann auch irgendwann selbst überzeugt.

„Bösartig" sei ich nie gewesen, betonte meine Mutter, als ich als Oboist bereits bekannt war, einmal in einer Talkshow. Aber häufig hätte ich „Blödsinn" angestellt, erzählte sie dem Fernsehjournalisten freimütig. Diesen „Blödsinn" schien meine Familie von mir als Kind aber auch schon regelrecht erwartet zu haben. Und tatsächlich rutschte ich von einem Fettnäpfchen ins nächste.

Ich frage mich heute, ob mir vielleicht auch zu wenig zugetraut worden ist. Redeten mir nicht meine Eltern geradezu ein, dass ich ein Schussel sei? Wenn die Umwelt immer wieder bestätigt, dass man sowieso alles kaputt mache, dass einem nichts gelinge, manifestieren sich diese Botschaften doch wie selbstverständlich über die Zeit zu einer selbsterfüllenden Prophezeiung. Dem verinnerlichten Programm folgend, ist man bald selbst davon überzeugt, dass es stimmt, was die anderen sagen, und so tut der Autopilot alles, damit es prompt wieder passiert. Erwartungen erfüllt. Rolle eingenommen.

Meine Mutter hatte mich im Fernsehen zudem als ein „seltsames Kind" bezeichnet. Doch handelte es sich dabei sicher nicht nur um meinen angeborenen Charakter. Nein, „seltsam" oder scheinbar „schwierig" zu sein, wurde mir auch anerzogen. Verantwortlich dafür war die vorherrschende Atmosphäre in unserer Familie, bestimmt durch die unerbittliche Autorität meines Vaters. Heute verstehe ich, dass er nur das weitergab, was er selbst als Kind erfahren hatte: eine überaus autoritäre Mutter, die seinem Vater und ihm wiederum das Leben zur Hölle gemacht hatte. Meine Großmutter war ein wahrhafter Hausdrachen.

Die Familie lebte in einfachen Verhältnissen. Der Vater war Lokomotivführer und ließ ihn nach seinem frühen Tod mit einem

Menschen alleine zurück, der nicht das geringste Mitgefühl für andere hatte. So gerne hätte mein Vater seine überragenden künstlerischen Talente beruflich ausgelebt. Er ist ein hervorragender Maler und Musiker. Doch wegen seiner überdurchschnittlichen Leistungen in der Schule wurde er von seiner dominanten Mutter dazu gedrängt, Medizin zu studieren. Und auch als Kinderarzt brillierte mein Vater.

Im weißen Kittel war er das absolute Gegenteil vom Privatmann zu Hause. Ganz Bamberg schätzte ihn und seine liebevolle, fürsorgliche Art, mit seinen Patienten umzugehen. Er war stets engagiert und angesehen. Doch die geerbten Aggressionen, sein Jähzorn und die Frustration darüber, dass er nicht das tun durfte, wozu er sich eigentlich berufen sah, nämlich ein Künstlerleben zu führen, brauchten ein Ventil. Ihm zu widersprechen hätte sich damals zu Hause niemand getraut. Man musste sich stattdessen seine Schutzräume einrichten. Und so entwickelte ich schon früh seelische Überlebensmechanismen in meinen Eigenheiten.

Ich war schon manchmal ein seltsames Kind und hatte eine nicht leicht zu durchschauende Persönlichkeit, da gab ich meiner Mutter recht, als sie das öffentlich preisgab. Auf der einen Seite war ich draufgängerisch und suchte die Gefahr, den Grenzgang. Ich schoss mit meinem Fahrrad die Hänge hinunter, egal ob unten eine Straße kreuzte, war abenteuerlustig und voller Energie. Andererseits blieb ich lange Zeiten auch immer wieder gerne ganz alleine, verschloss mich zu Hause in meinem Zimmer. Ich genoss das dann geradezu.

In mir lagen einige Widersprüche. So konnte ich mich zwar gut in den Bamberger Domchor einfügen, ließ aber selten eine Meinung unreflektiert oder unwidersprochen gelten – außer es handelte sich um die meines Vaters natürlich. Andere Autoritäten außer ihm respektierte ich schlichtweg nicht, wenn sie nicht überzeugend genug waren. Bei vielen Lehrern galt ich deshalb als vorlaut.

So wie andere Kinder war ich tatsächlich nicht. Während andere stundenlang mit ihren Kumpels auf der Straße kickten und sich nichts Schöneres vorstellen konnten als im Freien zu toben oder sich gemeinsam in der Nachbarschaft herumzutreiben, wollte ich häufig nur allein sein, denn ich fühlte mich mit mir selbst sehr wohl und brauchte keine Gesellschaft. Gleichzeitig war ich nie ein Außenseiter, sondern hatte Freunde wie alle anderen auch. Während andere Eltern ihre Kinder dazu zwingen mussten, ein Instrument zu üben, machten sich meine Eltern später hingegen Sorgen, ich würde zu viel Zeit mit meiner Oboe verbringen. Immer wieder hieß es, ich sei viel zu wenig an der frischen Luft und zu wenig in Kontakt mit Gleichaltrigen.

So gab es immer wieder extreme Phasen, nie das Mittelmaß. Später, als Heranwachsender, musste ich erst lernen, mich in andere hineinzuversetzen und zu verstehen, wie ich von außen wahrgenommen wurde. Ich musste lernen, mit den Augen der anderen zu sehen, so sehr eigenbrötlerisch war ich lange Zeit gewesen.

Als meine Mutter aller Welt im Fernsehen von den Erinnerungen an ihren etwas sonderlichen Sohn erzählte, war mir das damals gar nicht recht. Ich wollte doch in der Öffentlichkeit nur mit meiner Musik glänzen. Wie immer wollte ich gefallen, bei den anderen Menschen gut ankommen. Zu lange hatte ich mich in meinem Leben unbeliebt und hässlich gefühlt. Auch das ein Stempel meiner Kindheit.

Objektiv gesehen war ich wahrscheinlich weder das eine noch das andere gewesen, sondern eben nur ein etwas seltsames Kind mit Sommersprossen auf der Haut und mit einem runden Kopf. Aber im Spiegel vermisste ich an mir selbst nun mal damals schmerzlich etwas Niedliches und Liebenswertes. Mein Urteil über mein Äußeres fällte ich harsch und unbarmherzig.

Ich sah meinen Bruder Matthias, wie er überall gut ankam, und verglich mich mit ihm. Ich hörte häufig, dass über ihn gesagt wurde: „Ach, ist das aber ein Hübscher und Ruhiger!" Über mich wurden nie solche Lobeshymnen verlautbar. Also musste ich wohl das Gegenteil von alledem sein. Und er schien immer die Dinge genau so zu machen, wie es die Erwachsenen von ihm erwarteten. Offensichtlich alles Attribute, die diese an Kindern besonders schätzten, denn ihr Ton war dann stets voller Anerkennung.

Matthias war der „Erfinder", der – technisch begabt, wie er ist – schon früh mit höchster Konzentration alles reparieren konnte: Fahrräder, Mofas, Autos. Ich hatte das Gefühl, er ist tatsächlich das Kind meines Vaters, denn er konnte genau die Dinge gut, die mein Vater bewunderte. Ich hingegen war als Kind leicht abzulenken, fahrig und legte keine besonderen Talente an den Tag – bis die Oboe in mein Leben kam.

Ich sah auch meine lieben Cousinen, mit denen ich in meiner Kindheit viel Zeit verbrachte, entweder in Franken oder zu Besuch bei ihnen in ihrer schwäbischen Heimat. Mit ihnen verstand ich mich prächtig. Auch sie: Wie liebenswert und klug sie waren! Offenbar auch sie das ganze Gegenteil von mir! Und wie viel Aufmerksamkeit sie von der gesamten Familie bekamen! Ich hätte meine Cousine Nettl damals am liebsten geheiratet!

Ich wünschte damals, ich wäre Fantomas, der im Film einfach eine dicke Maske vom Gesicht zieht und dahinter ein ganz anderer ist. Endlich schön sein! Nichts habe ich mir mehr gewünscht. Denn dann, so vermutete ich, wäre die Welt für mich eine ganz andere.

Der Schmach nicht genug, dass ich als Kind den Menschen in meiner Umwelt äußerlich nicht das Wasser reichen konnte. Ich hatte ein noch viel größeres Manko, ein gesellschaftliches K.-o.-Kriterium erster Güte: Ich stotterte.

Ich erinnere mich an eine klassische Szene aus meiner frühen Schulzeit: Mein Mathe-Lehrer in der 5. Klasse auf dem E.T.A.-Hoffmann-Gymnasium in Bamberg liebte es, auf den Unzulänglichkeiten seiner Schüler herumzuhacken. So nutzte er jede Gelegenheit, auch mich bloßzustellen. Er hatte einfaches Spiel. Selbst die einfachsten Fragen konnte ich oft – aus Angst, weil unter Druck – nicht flüssig beantworten. Alle Augen waren auf mich gerichtet. Es vergingen gefühlt Stunden, bis ich endlich den Mund aufmachte. Ich konnte es einfach nicht sagen, obwohl ich die Antwort doch wusste.

Mein Lehrer schaute mich erwartungsvoll, fordernd und dann den Kopf schüttelnd an: „Was ist denn los?! Albrecht! Nun antworte doch endlich! Es ist doch so einfach!" Ich fühlte, wie mein Kopf langsam heiß wurde, ich ballte meine Hände zu Fäusten, spannte meinen ganzen Körper an. Es musste doch gehen. Ja, es war doch so einfach. Aber ich wusste, ich würde es nicht schaffen. Das Wort blieb in meinem Mund hängen.

Natürlich fingen alle Kinder an zu lachen, als sich unser Lehrer wie angewidert abwandte. Ein lautes Prusten schallte durch das Klassenzimmer. Sie hielten sich die Hände vor die Münder. Sie beruhigten sich erst wieder, als unser Lehrer, eher als Teil seiner fast sadistischen Dramaturgie, sie streng ermahnte. Ich versank in Scham. Mit dem Anflug eines selbstzufriedenen Grinsens setzte er den Unterricht einfach fort. Er hatte alle Macht. Kein Wunder zu einer Zeit, wo Kinder noch in der Schule disziplinarisch geschlagen wurden, bis sie unter ihren Bänken lagen.

Die erste öffentliche Erniedrigung prägte sich tief in mein Unterbewusstsein ein. Keines dieser Kinder wollte mir Böses. Aber das Stottern führt in der Gesellschaft nicht wie bei anderen Behinderungen zu Mitleid, sondern es evoziert Lächerlichkeit. Bis heute. Und nicht nur das. Man vermutet bei stotternden Menschen oft gar eine Schwachsinnigkeit. Und so war es auch bei mir.

Ich hatte viele schlechte und gemeine Lehrer, aber es gab auch andere. Schon in der Grundschule hatte ich das Glück, einer Lehrerin zu begegnen, die meine Unruhe nicht als mutwillige Störung interpretierte. Sie hat weit vor ihrer Zeit, weit, bevor eine solche Verhaltensauffälligkeit als Hyperaktivität definiert wurde, erkannt, dass ich schlichtweg unterfordert war. Langeweile war der Grund für das Zappeln. Sie gab mir also Extraaufgaben, die mich forderten und beruhigten. Meine Energie wurde so kanalisiert.

Sie verstand zudem, dass ich wohl eine Hochbegabung haben müsse und ermunterte meine Eltern, mich einem IQ-Test zu unterziehen. Das Ergebnis von 150 war für den testenden Kinderpsychologen so erstaunlich, dass er es nicht glauben konnte. Er musste einen Fehler gemacht haben. Doch der Kontrolltest ergab dasselbe Ergebnis. Es war nun amtlich: Albrecht ist hochbegabt.

Das änderte aber nichts daran, dass ich zutiefst beschämt über mein Stottern war. Und es wurde in den Jahren danach alles nur noch schlimmer. Viele Jahre lang auf dem Gymnasium konnte ich im Unterricht selten flüssig antworten. Ich blieb entweder in der Hälfte des Satzes bei einem bestimmten Wort hängen, oder direkt in einem Wort, sobald ein Konsonant vorkam. Das Muster des Stotterns ist ebenfalls das einer selbsterfüllenden Prophezeiung, denn ein Stotterer ist mit der Zeit darauf konditioniert, eben immer bei bestimmten Worten oder Buchstaben ins Schleudern zu geraten. Ich habe mir mit der Zeit angewöhnt, einfach einige für mich heikle Ausdrücke in der Kommunikation zu vermeiden, um keine Stolpersteine im Satz zu haben.

Ein weiteres Ausweichmanöver, um mein angeknackstes Selbstbewusstsein zu kaschieren, war es, irgendwann aus der Not eine Tugend zu machen und den Klassenclown zu geben. Interessanterweise sind Stotterer in der Regel tatsächlich keine scheuen, schüchternen Menschen. Ganz im Gegenteil, es sind Menschen, die in ihrer Entwicklung sehr schnell sehr weit gekommen sind, die eigentlich gerne reden und es lieben, im Rampenlicht oder zumindest in der Öffentlichkeit zu stehen. Sie sind Macher, Manager, Organisatoren, Darsteller. Das Stottern hat in den allermeisten Fällen keine physischen Ursachen, obgleich es laut neuerer Erkenntnisse eine angeborene Disposition dafür geben könnte. Vielmehr ist es meist das Zeichen für die verletzte Seele eines sensiblen Menschen. Ich bin in meinem Leben vielen solchen Menschen begegnet, die mein Schicksal teilen.

𝄞

Heute bin ich der Überzeugung, dass nicht nur die väterliche Autorität und das daraus folgende Regime der Angst, sondern auch die Spannungen, die zwischen meinen Eltern jahrelang herrschten, für mein angeknackstes Selbstbewusstsein und mein Stottern verantwortlich waren. Nicht nur einmal waren meine Eltern nahe daran, sich zu trennen. Ich erinnere mich besonders an eine schreckliche Situation. Als ich aus der Schule nach Hause kam, verkündete mir meine Mutter schon im Flur unter Tränen: „Wir lassen uns scheiden und Du kommst ins Internat."

Ich hatte mir noch nicht einmal die Jacke und die Schuhe ausgezogen, schon war mein Schicksal besiegelt worden. „Ich werde weggesperrt?“, schoss es mir durch den Kopf. Innerhalb von Sekunden schien eine Welt zusammenzubrechen: Ich würde ganz allein sein, mir würde alles weggenommen werden, keiner würde mir helfen.

Meine Verunsicherung führte dazu, dass mein Stottern in der darauffolgenden Zeit noch schlimmer wurde. Lange Zeit wusste ich nicht, was nun tatsächlich geschehen würde. „Über Dir hing immer ein Damoklesschwert“, hat meine Mutter im Nachhinein einmal meine Kindheit treffend zusammengefasst. Auch ihr war klar, welch innerer Zusammenhang bestand. Zu sehr hatte ich die Szenen, in denen meine Eltern sich anschrien, meine Mutter weinte und drohte, verinnerlicht. Den damit verbundenen Stress hatte ich nicht gut genug verarbeiten können. Denn ich war ganz alleine damit. Man redete damals mit niemandem über die Hölle des eigenen Zuhauses. Die anerzogene Scham hielt mich davon ab, mich jemandem anzuvertrauen. Das makellose Bild des harmonischen bürgerlichen Haushalts galt es unter allen Umständen zu wahren. Das war nicht nur bei uns so.

Privilegiert, aber nicht glücklich

Ich hatte keine glückliche Kindheit. Ja, das dachte ich lange Zeit. Und das war auch so. Doch als Erwachsener relativieren sich viele Dinge. Heute bringe ich die Herrschsucht meines Vaters nicht nur in Verbindung mit seiner Persönlichkeit, die durch eigene autoritäre Erfahrungen geprägt war. Sondern ich ordne die Angst und den Schrecken, den er als autoritäres Familienoberhaupt verbreiten konnte, gepaart mit drakonischen Bestrafungen, auch in den Geist der Zeit ein. Damals war es in Deutschland nicht unüblich genau so streng mit Kindern umzugehen. Auch körperliche

Züchtigungen waren durchaus üblich. Nichtsdestotrotz hat eine derartige Erziehung tiefe Spuren in den kindlichen Seelen ganzer Generationen hinterlassen. Auch in meiner.

Wenn man selbst Vater wird, kommen Erinnerungen zutage, die die Waagschalen eher ausgleichen. So kann ich mich zwar nicht erinnern, dass mein Vater mich je als Kind zärtlich in den Arm genommen hätte, aber ich bin mir im Nachhinein absolut sicher, dass ich mich voll und ganz auf ihn verlassen konnte. Er wäre im Notfall, wenn ich ihn gebraucht hätte oder wenn ich mit einem Anliegen auf ihn zugekommen wäre, ohne zu zögern für mich da gewesen.

So bin ich mir heute auch bewusst – neben all dem Schmerz, den ich noch immer nachempfinden kann –, in was für einem äußerst privilegierten Umfeld ich aufgewachsen bin. Wer von meinen Freunden hatte damals schon ein eigenes Hallenbad im Haus, oder wessen Eltern fuhren einen schönen Mercedes?! Dabei legten meine Eltern Wert darauf, dass dieser Wohlstand mir nicht zu Kopf steigen konnte. Das rechne ich ihnen heute hoch an. Wir Kinder bekamen sicher nicht mehr Taschengeld als andere Jugendliche, trugen keine besseren Kleider oder fuhren ein teureres Fahrrad als andere. Meine Eltern stammten ursprünglich beide selbst aus einfachen Verhältnissen und wussten sparsam und wohl überlegt mit Geld und ihrem erarbeiteten Wohlstand umzugehen.

Die materiellen Vorzüge meiner Kindheit dahingestellt, war der größte Schatz meiner Kindheit ein ganz anderer: Oma Anni, die einfach alles gutgemacht hat. Die Mutter meiner Mutter war eine üppige, rundliche Frau mit langen Haaren, die immer ordentlich zum Dutt oder mit einem kreisrund um den Kopf gebundenen Zopf frisiert waren. Sie hatte zarte Hände, mit denen sie mir oft stundenlang über die Haare streichelte, wenn ich neben ihr saß. Angelehnt an ihren üppigen Busen hat sie mein Leben jedes Mal zum Guten gewendet. Sie hat mich einfach so genommen, wie ich war.

Obwohl auch meine Mutter mich sehr zärtlich behandelte, war Oma Anni doch etwas anderes. Sie war für mich die Ansprechpartnerin für alle meine emotionalen Zustände und Nöte. Sie hat alles, was mir auf der Seele lag, sofort erkannt, mitgefühlt, mit-durchlebt. Auch ihre anderen Enkel hat sie liebevoll behandelt. Sie war immer für alle da, hat allen geholfen. Sie war ein Engel, zumindest für mich.

An den meisten Wochentagen aßen wir als Familie daheim. Meine Mutter war stets kurz vor zwölf aus der Praxis nach Hause gekommen, wo sie bei meinem Vater als Sprechstundenhilfe arbeitete, und hatte dann auf die Schnelle etwas gekocht. Doch der Mittwoch war heilig. Denn da kamen alle, Kinder, Cousinen, Cousins im Haus von Anni und Paul zusammen, den Eltern meiner Mutter – ein wunderbares wöchentliches Ritual, das ich über alles genossen habe.

Ungleich meiner Mutter, hatte meine Oma alle Zeit für das Kochen. Für gewöhnlich fing sie gleich nach dem Frühstück damit an, für das Mittagessen zu sorgen. Es war nicht ungewöhnlich für sie, vier oder fünf Stunden in ihrer bescheidenen Küche zu stehen und den feinsten Schweinsbraten mit Klößen zuzubereiten. Ein Rezept hat sie nie aufgeschrieben oder gar nachgeschaut. Sie kochte „à la meng", wie es in Franken heißt. „A bissla Mehl, a bissla Budda, es muss hald gscheid schmeckn."

Opa Paul hingegen war ein Schwarz-Weiß-Mensch. Er war zwar sehr liebevoll, aber auch extrem konservativ und in vielerlei Hinsicht starrsinnig. So bestand er zum Beispiel darauf, um Punkt 12.30 Uhr mit dem Essen zu beginnen. Keine Minute später. Und daran hielt sich seine Frau penibel. Sie war zwar das ganze Gegenteil von ihm, ließ ihn aber gewähren. Wenn der Gong der Wohnzimmeruhr ertönte, standen die dampfenden wohlriechenden Speisen auf dem Tisch und Opa Paul schöpfte sich pünktlich davon auf seinen Teller. Er hätte nie auf jemanden, der zu spät kommt, gewartet. Wenn mein Vater manches Mal in der Praxis aufgehalten worden war und fünf Minuten später am Tisch erschien und sein Fleisch auf dem Teller kalt war, hieß es nur lapidar: „Wärst hald früher do gwesn."

Manches Mal waren wir bis zu zehn Kinder, die dann nicht mehr um den reich gedeckten Tisch im Wohnzimmer passten und in der kleinen puppenstubengleichen Küche aßen. Bei Oma Anni hat es mir immer besonders gut geschmeckt. Zwar gab es bei ihr nur sieben Gerichte der fränkischen Küche, die im Wochenturnus gekocht wurden. Aber sie waren einfach allesamt köstlich.

Beim Tischgespräch hielt sich Oma Anni immer zurück. Sie war nie die Wortführerin. Die Portionierung des Nachtischs wurde vom Majordomus, meinem Opa Paul persönlich, mit seinem einzigartigen Gerechtigkeitssinn überwacht. Keines der anwesenden Kinder hätte auch nur eine Kirsche mehr als der Tischnachbar bekommen. Dieser Wunsch nach einer gerechten Verteilung war oberstes Gebot im Hause.

Heute weiß ich, dass dies ein hehrer Wunsch war, mehr nicht. Die Welt sieht anders aus. Ich würde auch gerne daran glauben, habe aber zu oft das Gegenteil erlebt und gesehen. Nach meiner Beobachtung gibt es keine wirkliche Gerechtigkeit im Leben. Aber wer weiß: vielleicht im Paradies.

Ich verbrachte aber auch viele Abende gemeinsam mit meinen Großeltern, denn sie wohnten ganz nah bei meinem Elternhaus. Von ihrem mittelbraunen abgewetzten Samtsofa wurde man regelrecht absorbiert, sobald man sich hingesetzt hatte. Die weichen Kissen reichten dann fast bis über die Ohren. Von dort aus schauten wir dann meist eine Sendung im Ersten oder Zweiten auf einem winzigen Fernseher an.

Oma Anni schnitt nach einem kargen Abendessen Schnitze von einem schrumpeligen Apfel ab, den sie aus dem Keller geholt hatte, und reichte sie mir nach und nach. Einmal lief der Film „Casanova".

Ich erinnere mich, wie der Protagonist seine erotischen Fantasien von einer geladenen Kanone und den zarten Lippen, die eine leicht bekleidete junge Frau auf deren Mündung setzte, blumig umschrieb. Ich versank dabei noch tiefer in den Kissen und wäre am liebsten ganz in den Boden versunken, weil es mir so peinlich war, das mit ihr anzusehen. Aber Oma Anni gluckste vor Vergnügen und amüsierte sich prächtig.

Wenn Oma Anni und ich manches Mal den Abend vor dem Fernseher verbrachten, ging mein Opa währenddessen gerne in die Wirtschaft, dem Bierkeller, zum Schafskopf spielen und Rauchbier trinken. Diese Abende genossen alle sehr. Auch für mich war das eine wohltuende Abwechslung von der meist angespannten Stimmung daheim.

Oma Anni war einfach immer da. All die Jahre, bis ich selbst erwachsen war, war sie zudem meine beste Beraterin. Obwohl ich trotz meiner Komplexe in meiner Jugend immer Freundinnen hatte, war ich in puncto Sexualität ein Spätzünder. Meine Freundinnen kannte ich jahrelang alle nur bis oberhalb der Gürtellinie. Wir tranken Tee und hielten Händchen. Das war's.

Meine Mutter war in diesem Punkt päpstlicher als der Papst. Kein Mädchen durfte auf meinem Bett sitzen, die Tür musste offen bleiben. Alle drei Minuten wurde inspiziert, dass noch alle Kleider da saßen, wo sie vorher waren. Als ich meine erste Freundin, die Harfenistin Margit Anna Süß, eines Abends mit zu meiner Oma Anni nahm, um sie ihr vorzustellen, sagte sie: „Schau mol, Margit, Du musst dem Albrecht scho noch a bissla Zeit gebn. Der muss noch a bissla in die Welt naus." Ich hatte Margit kennengelernt, als ich 19 war. Sie war damals charakterlich in ihrer Entwicklung schon viel weiter als ich und übte einen großen Einfluss auf mich aus. Oma Anni wollte mich vor einer vorschnellen Entscheidung bewahren. Sie kannte mich und wusste, dass ich noch meine Freiheit ausleben musste, bevor ich mich langfristig binden konnte. Sie war ganz anders als meine Mutter – extrem offen und modern, was das anging.

Oma Annis früher Tod

Viel Zeit blieb mir mit meiner überaus geliebten Oma leider nicht.

Sie starb bereits im Alter von 74 Jahren an Gebärmutterkrebs. Ich war gerade 23 Jahre alt. Lange Zeit war sie wegen ihrer starken Blutungen nicht zum Arzt gegangen. Sie hatte auch uns allen ihre Beschwerden verheimlicht. So war der Krebs zu spät diagnostiziert worden. Und kaum war klar, was ihr die Schmerzen verursachte, ging alles ganz schnell. Wir wollten es nicht wahrhaben, aber ihre Tage waren gezählt.

Die gesamte Familie stand im November 1988 in ihren letzten Stunden um ihr Krankenhausbett herum und erwartete in trauriger Geschlossenheit ihren letzten Atemzug. Als ich zu ihr kam, schüttelte ich mich in unserer Umarmung vor Schmerz. Ich wusste, dass es das letzte Mal sein würde. Wie konnte ich einem anderen Menschen nur so nahe sein, fragte ich mich. Alle waren in Tränen aufgelöst. Sehr kurze Zeit später war sie tot.

Ihr Tod war für uns alle ein Schock, vor allem für Opa Paul. Er war zwölf Jahre älter und überlebte sie. Damit hatte er nicht gerechnet. Er war so unbeholfen, dass er weder Feuer im Ofen machen noch Kaffee kochen konnte. Alles im Hause hatte immer seine Frau erledigt. Ein riesiges Loch klaffte nun vor ihm.

Als ich kurz nach Oma Annis Beerdigung zu Besuch bei Opa Paul war, sah ich säckeweise Kondolenzbriefe im Gang stehen. Einem verstorbenen Superstar gleich flatterten sie zwei Wochen lang ununterbrochen ins Haus. Selbst der Briefträger war baff: So etwas habe er noch nie erlebt, sagte er meinem Großvater. Und auch der hatte keine Ahnung gehabt, wie viele Kontakte meine Oma gepflegt hatte, wie viele Menschen sie kannte und wie viele Menschen sie kannten und schätzten. Nie hatte sie sich damit gerühmt, beliebt zu sein. Nie hat sie sich in den Mittelpunkt gestellt, obwohl sie doch für alle genau dort war.

Störendes Enfant terrible und über alles geliebtes Enkelkind: Meine Kindheit war geprägt von Antipoden. Hier die oft unerbittliche Autorität meines Vaters, die quasi anerzogene Tollpatschigkeit und Hilflosigkeit in der Kommunikation. Dort die subjektiv empfundene Hässlichkeit sowie die unerträgliche Scham wegen meines Stotterns. Und wieder auf einer anderen Seite die unendlich tröstliche aufbauende Zärtlichkeit meine Oma Anni. In jeder Hinsicht war meine Kindheit von Extremen bestimmt, die mein Leben bis heute prägen.

2

Schlüsselmomente

Ich ahnte nicht im Entferntesten, dass ein ach so normaler sonniger Tag im Juli mein ganzes Leben verändern würde. Ein Tag, der begonnen hatte wie jeder andere. Die Schule war zu Ende, mein Bruder und ich saßen am Esszimmertisch auf unseren Stühlen und waren begierig darauf, endlich mit dem Mittagessen loslegen zu dürfen.

Doch nun lag da dieses längliche schwarze Instrument zwischen Tellern mit dampfenden Klößen und einer großen Schüssel mit köstlich duftendem Sauerkraut.

Mein Vater hatte es dort hingelegt. Er stand erwartungsvoll neben dem Tisch und spannte uns auf die Folter. Er schaute von mir zu meinem Bruder und von meinem Bruder wieder zu mir. Ein paar Mal hin und her. Offensichtlich erwartete er eine Reaktion. Matthias und ich zeigten zwar sofort Interesse für das sonderliche Ding. Aber wir wussten nicht so recht, was wir sagen sollten. Was hatte unser Vater im Sinn?

Er löste das Rätsel in seinem üblichen Befehlston: „Ihr werdet ab sofort Oboe lernen!" Dabei schaute er uns beide noch einmal streng, aber auch etwas selbstzufrieden an. Dann setzte er sich, fürs Erste ohne weitere Erklärung. Die nächsten Minuten verbrachten wir schweigend beim Essen. Auch meine Mutter stellte keine Fragen. Wahrscheinlich war sie in diesen Überraschungs-Coup eingeweiht gewesen.

Ich war zehn Jahre alt und dachte mir lapidar und auch widerwillig: „Oboe? Was ist denn das überhaupt?“ Ich hätte das Instrument vorher nämlich nicht einmal benennen können. Interessiert war ich, aber von Begeisterung fehlte mir zu dem Zeitpunkt noch jede Spur. Allerdings wusste ich sofort, dass ich mich gewohnheitsmäßig in die strikte Vorgabe meines Vaters – egal worum es sich handelte – würde fügen müssen, wenn ich keinen Ärger wollte. Und den hatte ich gelernt, wenn es nur irgendwie ging, zu vermeiden.

Nach dem Essen blieb mein Vater, wider seiner Gewohnheit, noch etwas am Tisch sitzen. Er nahm sich Zeit, obwohl er doch bald wieder in die Praxis musste. Ich wunderte mich und war auch etwas gespannt. Er nahm die Oboe in die Hand und erklärte, was er sich von dieser Anschaffung erwartete: „Das Stottern soll ein Ende haben.“ Das war es also. Er hoffte, ein Blasinstrument würde mich von meinem Stottern befreien, meine Sprachbehinderung kurieren und letztendlich das Stigma der Lächerlichkeit von mir nehmen. Er wusste: Um Oboe zu spielen, muss man die Atmung kontrollieren. Nach seiner Schlussfolgerung müsste es auch beim Sprechen helfen.

Genauso hatte er sich das vorgestellt, immer lösungsorientiert, wie er war. Und er hatte es schon richtig beobachtet: Ich litt schrecklich darunter, mich nicht flüssig artikulieren zu können. Das Stottern hinderte mich immer wieder daran, mich unter Gleichaltrigen ebenbürtig zu sozialisieren, meinen Platz und Stand zu finden, mich zu behaupten. Denn es war für meine Klassenkameraden ja unschwer zu erkennen, dass ich mich in meiner Haut nicht wohlfühlte.

Ich hatte immer die Sorge, dass sie meine Schwäche ausnützen und mich sogar verhöhnen könnten. Dass sie jederzeit prustend mit dem Finger auf mich zeigen könnten, wenn ich wieder einmal nicht weiter als bis zum nächsten Konsonanten gekommen war und mich wie eine hängen gebliebene Schallplatte anhörte. Ich fühlte mich immer wieder als Sonderling, jedes Mal von Neuem in die Hölle der Lächerlichkeit verbannt.

Eine Oboe als Therapie

Mein Vater wollte mich von alldem befreien. Und mein Bruder sollte gemeinsam mit mir die Oboe spielen. Damit folgte er dem Wunsch des Musiklehrers, der sich wiederum vom Unterricht im brüderlichen Kollektiv mehr Konsequenz beim Üben und letztendlich einen größeren Erfolg erhoffte. Zudem brauchte er für das Schulorchester zwei Oboen. Nachdem er seine Ansage gemacht hatte, stand mein Vater auf und blies selbstbewusst in die Oboe, als könne er sie tatsächlich spielen. Es kam allerdings nur ein jämmerliches Quieken heraus. Mein Bruder und ich lachten uns tot.

Damit war mein Schicksal lautstark besiegelt. Es hätte nicht besser kommen können. Ohne jenen denkwürdigen Tag im Jahr 1975, ohne die Oboe, hätte ich mich wahrscheinlich nie viel weiter von dem unsicheren, stotternden Jungen, der ich damals war, weg entwickelt – damals noch von vielen belächelt.

𝄞

Die Oboe ist mein Schicksalsinstrument. Sie ist das Beste, was mir in meinem Leben hätte passieren können, was mein Vater je hätte für mich tun können. Sie war das Entrée in eine bessere Welt für mich. Ich bin der höheren Macht, die mich gelenkt hat, dafür unendlich dankbar. Und meinem Vater, der ursprünglich ja gar keine Musikerkarriere für mich im Sinn hatte. Doch welche Ironie: Der Mensch, der sicherlich nicht ganz unschuldig daran war, dass ich stotterte, gab mir gleichzeitig das Werkzeug an die Hand, mit dem ich letztendlich meine Behinderung nicht nur überwand, sondern mich zu Höhenflügen aufschwang.

Handelte es sich einfach um zwei Seiten der gleichen Medaille? Denn mein Vater war ja nicht nur immer wieder tyrannisch. Das ist nur die halbe Wahrheit. Er war auch ein sehr empathischer fürsorglicher Kümmerer, ein guter Vater eben. Vielleicht hatte ich aber auch einfach nur Glück, als ich den vielleicht wichtigsten Schlüsselmoment meines Lebens erlebte.

Doch erst in der Retrospektive wird mir klar, welche Bedeutung manche Begegnungen hatten oder welche vermeintlichen Zufälle oder Fügungen die entscheidenden Weichen im Leben gestellt haben. In den Momenten selbst erschienen sie mir oft profan, fast nichtssagend. Wie andere auch wusste ich ja zu dem Zeitpunkt noch nichts von der tatsächlichen Schlüsselfunktion. Aber ich habe gelernt, dass es gilt, in jedem Fall zuzugreifen, wenn das Leben solche Chancen bietet – auf den vorbeifahrenden Zug aufzuspringen und ihm nicht hinterherzuschauen.

Als Kind musste ich zugreifen. Ich hatte keine Wahl. Das Oboe-Üben gehörte ab sofort zu dem Pflichtteil meines Tages. Auch als Heranwachsender und später als Erwachsener griff ich immer wieder zu, wenn sich mir Möglichkeiten boten, etwas Neues auszuprobieren. Das tägliche Oboe-Üben der ersten Jahre hatte mich auch gelehrt, an etwas regelmäßig dranzubleiben. Denn nur das führt zu einem fundierten Erfolgserlebnis. Was anfangs als Pflicht begann, wurde schon nach kurzer Zeit zu einem Bedürfnis für mich, zur Kür des Tages. Denn bald war die Oboe zum Medium meiner Kommunikation geworden.

Ab dem Zeitpunkt, als mein Vater uns die Oboe präsentierte, wendete sich das Blatt für mich. Es änderte sich nach und nach eigentlich fast alles. Schon nach kurzer Zeit der musikalischen Förderung auf dem Bamberger Gymnasium, auf das ich mit meinem Bruder gehen durfte, erwachte in mir der Musiker und damit ein stärkeres Selbstbewusstsein. Ich blühte sichtlich auf. Je selbstsicherer ich wurde, desto weniger wurde ich ausgelacht und gehänselt. Jetzt konnten es alle hören: Ich hatte eine besondere Begabung, die eine magische Anziehungskraft auf andere ausübte. Das spürten nicht nur meine Lehrer schnell. Die Anerkennung wuchs auch bei meinen Schulkameraden. Und bei den Mädchen! Eine Tatsache, die im Teenager-Alter ja nicht unbedeutend ist.

Ich wurde zunehmend selbstbewusster, unterhaltsamer und gelöster – und dadurch beliebter. Ich merkte, dass mein Talent mir half, mein Bedürfnis zu stillen, von anderen beachtet, anerkannt und manchmal geliebt zu werden. Ich ging nun viel glücklicher durchs Leben. Obwohl ich zu diesem Zeitpunkt in Stresssituationen immer noch stark stotterte, half mir meine Oboe. Jetzt konnte ich spielen und musste nicht mehr so viel sprechen.

Ich bin davon überzeugt, dass jeder Mensch eine solche Stärke, ein solches spezielles Talent hat und haben kann. Nur vielen ist es nicht vergönnt, es zu finden. Allerdings reicht Talent alleine nicht aus. Es braucht auch Förderung. Und die bekam ich Gott sei Dank von vielen Seiten.

Hauptsächlich durch den Einfluss meines sehr motivierenden Lehrers lernte ich so schnell, dass ich nach nur zwei Jahren so gut auf der Oboe war, dass ich mein erstes bezahltes Konzert geben durfte. Dieses Erlebnis als Schlüsselmoment zu bezeichnen, wäre eine Untertreibung. Es war die Erweckung schlechthin. Ich erinnere mich noch an jede Sekunde, als wäre es gestern gewesen. Bis dato hatte ich noch nie so ein Hoch- ja Höchstgefühl erlebt. Ich war so aufgeregt wie nie. Ein Hauch von Weihrauch der letzten Messe lag noch in der Luft.

Lange hatte ich zu Hause am Zwerchfell-Vibrato gearbeitet, für einen kleinen Jungenkörper eine anstrengende muskuläre Angelegenheit. Es war mir fast eine Qual gewesen, mithilfe des Metronoms eine Art Hecheln zu üben. Doch nun, in dieser Kirche, wo ich gemeinsam mit einem Orchester Händels Orgelkonzert spielen durfte, geschah es. Bei meinem Solo, als die Oboe einen langsamen Satz einer getragenen Melodie spielt, kam es ganz von selbst: Das neu gelernte Vibrato setzte ein, wie ich es immer zum Ziel hatte. Mein Üben hatte sich verselbstständigt. Mein Zwerchfell, mein ganzer Körper, mein Herz, einfach alles vibrierte. Und alle konnten es hören, denn die Kirche war gerammelt voll. Alle waren sie da – auch meine Familie, Freunde und Mitschüler. Sie wurden Zeuge, wie ich zum ersten Mal meine Oboe singen ließ und meine Seele verströmte. Es war, als ob alle Heiligenfiguren ringsum mir zulächelten. Der Applaus war tosend.

Der Kantor zahlte mir nach dem Konzert meine Gage aus: 50 DM. Doch mein Erweckungsmoment war mit keinem Geld der Welt aufzuwiegen.

Frühe Erfolge

Von nun an ging es Schlag auf Schlag in meinem Leben als neu erkorener Musiker. Ich verbrachte fast alle meine freie Zeit mit Musikunterricht und dem Üben: Blockflöte, Klavier, Oboe. Ich war Mitglied des Bamberger Domchors sowie im Schulorchester. Auch gehörte ich Orchestern und Ensembles an, die Oboisten suchten. Ich hatte nun an vielen Stellen einen festen Platz. Ich wurde plötzlich überall gebraucht.

Mit der Zeit war ich von meinen Instrumenten, vor allem von der Oboe, kaum noch zu trennen. Die zahlreichen Auftritte, die ich schon als Jugendlicher hatte, befeuerten meinen Enthusiasmus enorm. Ich bin das beste Beispiel dafür, dass frühe Lorbeeren einen enormen Einfluss auf die persönliche Entwicklung eines Kindes haben. Nach jedem Konzert, nach jedem Applaus, fühlte ich mich freier und glücklicher.

Auch mein Vater begann, mich mit wohlwollenderen Augen anzusehen. Er sah, dass sein Sohn etwas konnte, was andere nicht konnten. Nun konnte er mit mir gemeinsam Musik machen, er am Klavier, ich auf der Oboe. Wir hatten nun die Möglichkeit, auf unsere ganz eigene Weise zusammenzufinden. Auch das tat mir mehr als gut.

Nach meinen Erfolgen bei „Jugend musiziert", wurde mir eine hohe Ehre zuteil: die Aufnahme in das Bayerische Landesjugendorchester (BLJO). Mit 14 Jahren war das für meine Altersstufe die erste Liga. Ich dachte damals, dass es nicht noch besser gehen könne, als mit dem BLJO in den Ferien auf Tournee zu gehen, selbstständig, weit weg von meinem Elternhaus und den dort immer wieder aufkeimenden Konflikten zwischen meinen Eltern.

Unabhängig von jeglichen Entwicklungen zu Hause, durfte ich komplett neue Erfahrungen machen, viele neue Menschen kennenlernen, mich entwickeln und neu definieren. Das Orchester gab mir die Möglichkeit, mich in einer Art zu sozialisieren, wie es in der Familie nicht möglich gewesen war. Ich reifte dort über die Jahre zum Musiker und auch zum Mann.

Und es wurde noch besser. Nur wenige Jahre später erklomm ich bereits die nächste Stufe. Sehr groß und schmal gewachsen, stand ich mit 19 Jahren vielleicht sogar etwas schlaksig auf dem Podest des Dirigenten und verbeugte mich vor meinen Mitmusikern des BLJO, die mich gerade zu ihrem Vorstand gewählt hatten und begeistert applaudierten. Die Streicher klapperten anerkennend mit ihren Bögen auf ihren Pulten, als ich mich langsam, fast genussvoll aus der Verbeugung aufrichtete und in die Runde der Gesichter der Orchestermitglieder schaute.

Während es ruhiger wurde, war ich den Tränen nahe. Ich brauchte einen Moment, bevor ich sprechen konnte. Es lagen so viele unzählige Stunden des Übens hinter mir, des Kämpfens für meine ganz persönliche Ausdruckskraft. Es war ein enormer Kraftakt gewesen, dahin zu kommen, wo ich jetzt war. Mir war mein Erfolg nicht in den Schoß gefallen. Denn Talent alleine genügt nicht, genügt nie! Man muss etwas wirklich wollen und durchhalten. Und ich hatte eines wirklich gewollt: Oboe zu spielen und andere Menschen damit zu berühren. Und ich hatte durchgehalten.

Wie oft hatte ich die Oboe in der Hand, wenn andere Jungs Fußball spielten. Wie viele Male amüsierten sich meine Klassenkameraden auf Partys, während ich mich auf das nächste Konzert vorbereitete. Die Musik und das, was sie mit uns machte, war mir immer wichtiger gewesen als alles andere. Nun stand ich also vor einem gesamten Orchester, das mich offensichtlich nicht nur musikalisch wertschätzte, sondern mir auch noch zutraute, dessen Leitung zu übernehmen. Ganz klar: Ich hatte sowohl musikalisch als auch menschlich meine Autorität gefunden. Ich spürte, wie die anderen mich erwartungsvoll ansahen, vielleicht auch zu mir hochschauten. In diesem Moment wurde mir bewusst, dass ich nun tatsächlich erwachsen geworden war. Und nicht nur das.

Nie wieder stottern

Hier und jetzt, auf diesem Podest, passierte es: Ich begann zu sprechen. Minutenlang. Ohne Unterbrechung. Ohne Zögern. Kein Buchstabe, kein Wort und auch keine Angst hielten mich mehr davon ab, das zu sagen, was ich wollte. Ich sprach plötzlich flüssig vor mehr als 100 Menschen. Als hätte ich nie etwas anderes getan, bedankte ich mich in einem ununterbrochenen Redefluss für deren Vertrauen und kündigte die nächsten Proben für Beethovens Eroica an. Mit festem Ton. Mit klarer Stimme. Von einem Moment auf den anderen hatte ich aufgehört zu stottern. Ich hatte ein für alle Mal „ausgestottert". Es war, als ob mir Flügel gewachsen wären, als ob ich schwebte. Meine Euphorie war unbändig.

Nach der Probe lief ich umher und umarmte ausnahmslos jeden, der mir gratulierte, herzlichst. Ich hätte die gesamte Welt in die Arme schließen können. Ich konnte nun endlich selbstbewusst sprechen. Ein Wunder? Nicht ganz. Das Kalkül meines Vaters war also schlussendlich aufgegangen: Die Oboe hatte mich vom Stottern geheilt. Aber nicht so, wie er vermutet hatte, nämlich mit physischer Einwirkung beim Üben auf die Atmung. Nein, es war das gestärkte Selbstbewusstsein durch die äußere und eigene Anerkennung meines Könnens, das mir mein Sprechvermögen ohne Unterbrechung zurückgegeben hat. Dieser Tag bleibt mir allezeit als wahrer Schlüssel zu meiner weiteren Entwicklung in Erinnerung.

Mein Kindheitstrauma, persönlich und gesellschaftlich gehemmt und ausgegrenzt zu sein, endete damals schlagartig. Die Gefahr, sich in jedem Moment lächerlich machen zu können, war vorbei. Ich schlüpfte aus meinem Kokon und wusste, dass es jetzt erst richtig losgehen würde. Nichts konnte mich mehr halten. Eine unbändige Kraft zog mich mit sich.

Ab diesem Zeitpunkt trat ich nicht nur aus der Orchestermasse heraus, wenn ich Soli spielte. Nun war es auch meine Aufgabe, aufzustehen, vor andere zu treten, öffentlich zu reden, anzukündigen, zu besprechen, zu briefen, andere Orchestermitglieder zu betreuen. Ich ging nun nach vorne, stand vor den anderen und sprach. Sprach einfach. Immer und immer wieder. Obwohl ich mich selbst nicht so wahrgenommen hatte, erhielt ich ab da häufig die Bestätigung, dass mich ein gewisses Charisma umgebe. Denn die Menschen wandten sich mir zu, wollten Rat von mir, scharten sich um mich und zollten mir ihren Respekt. Im Spiegel konnte ich diese Anziehungskraft nicht erkennen. Aber doch in den Augen der anderen.

Was oder wer entscheidet darüber, ob ein Mensch mit weniger guten Voraussetzungen am Anfang seines Lebens später dennoch Erfolg haben und ein zufriedenes Leben führen wird oder nicht? Zu stottern zählt mit Sicherheit zu den schlechteren Startchancen. Wie oft hatte ich das Gefühl, den Reaktionen meiner Umwelt hilflos ausgeliefert zu sein, der Lächerlichkeit preisgegeben. Menschen, die unter einer Sprachbehinderung leiden, erfahren häufig Scham und Erniedrigung, ein vorauseilendes Gefühl. Die Seele leidet. Man macht sich selbst zum Außenseiter. Auch ich habe lange darunter gelitten. Doch eine gewisse Leidensfähigkeit gehört zu dem Leben eines Künstlers dazu. Und letztendlich bleiben doch immer nur zwei Optionen: aufzugeben oder durchzuhalten.

Dem Anstieg auf einen wundervollen Höhenflug am wolkenlosen Musiker-Himmel setzte meine Einberufung zur Bundeswehr nach dem Abitur ein jähes, aber Gott sei Dank nur vorläufiges

Ende. Man könnte meinen, dass es für mich ein Glück bedeutete, dass ich beim Heeresmusikkorps 4 in Regensburg meinen Dienst ableisten durfte und nicht in irgendeiner „normalen“ Einheit. Doch weit gefehlt. Ich musste ständig einen Spagat vollziehen zwischen musikalischer Leistung und militärischem Drill. Für mich ein Widerspruch in sich. Vom Waffenputzen zur Marschmusik? Und vor den Vorgesetzten, die nur irgendwelche Befehle durchsetzen wollten, zu buckeln? Das war nichts für mein feinsinniges und gleichzeitig aufmüpfiges Gemüt! Doch leider war mein Spielraum klein.

Es war einfach zu der Zeit für mich nicht denkbar, dass ich den Wehrdienst verweigern und stattdessen Zivildienst ableisten würde. Zu sehr war ich noch in den Strukturen meiner reaktionären Herkunftsfamilie verfangen und glaubte, mich als Soldat beweisen zu müssen. Beide Großväter hatten im Zweiten Weltkrieg gedient und mein Bruder war bereits Offizier. Meine Familie hätte sicherlich mit Unverständnis darauf reagiert, wenn ich mich vor meiner Verantwortung gedrückt hätte. Es blieb mir also nichts anderes übrig als durchzuhalten.

Anfangs war es auch gar nicht so schlimm. Ich verstand mich gut mit meinen Kameraden. Die neue Erfahrung als Soldat hatte etwas von Abenteueraufenthalt. Allerdings eckte ich immer wieder bei meinen Vorgesetzten an. Ich war ein vollkommen ungeeigneter Soldat. Schon in der Grundausbildung beim Sanitätsbataillon duldete ich fast keine Schwelle der Autorität, die mir nicht gerechtfertigt oder plausibel erschien. Die mir auferlegten Aufgaben wollte ich immer sinnvoll nachvollziehen können, was mir meist nicht gelang. Wie oft musste ich in einer Kammer mit öligen Händen Gewehre putzen oder im Arrest willkürlich verhängte Strafen absitzen, weil ich wieder einmal nicht den Mund halten konnte und unerwünschten Widerspruch geleistet hatte! Damit die Zeit schneller verging, strich ich auf meinem inneren Kalender bald Tag für Tag rot durch.

Und wie ich es auch von meiner Kindheit schon kannte, suchte ich mir auch jetzt Schlupfwinkel, in denen ich dem Irrsinn des Kasernenlebens für kurze Zeit entfliehen konnte. Kurze Intervalle, kleine Fluchten. Einer der wenigen Orte, wo ich einigermaßen ungestört üben konnte, war die riesige Toilette. Bei jeder möglichen Gelegenheit schnappte ich mir meine Oboe und verzog mich aus der engen Acht-Mann-Stube dorthin.

Die Akustik war, wie man sich vorstellen kann, eigentlich großartig, fast wie in einer Kirche. Alle Gerüche, eine Mischung aus Putzmittel und Fäkalien, und die triste Atmosphäre der gekachelten Latrine konnte ich wunderbar ausblenden. Wenigstens war ich für diese paar Minuten für mich alleine. Ich konzentrierte mich nur auf mein Instrument und meine Musik. Und so drangen immer wieder Bach, Vivaldi und Mozart durch die Ritzen der Türen auf den Gang und den Hof der weitläufigen Nibelungen-Kaserne.

Eine andere Möglichkeit, dem Rest der Truppe und den Argusaugen der drakonischen Feldwebel zu entfliehen, war es, sich Passagierscheine in die Freiheit zu ergattern. Dafür musste ich mir über meine Kontakte „draußen" immer wieder Solo-Auftritte organisieren. So durfte ich zum Beispiel mehrfach in den Kirchen in der Stadt im Auftrag der Kaserne auftreten. Dies meist zusammen mit meinem guten Freund Stefan Kestler, einem der begabtesten Organisten.

Was für ein Gefühl, wenn dann der Schlagbaum hinter mir lag und ich mich endlich, zwar in Uniform, aber wenigstens wieder in der zivilen Welt bewegen konnte. Frei für ein paar Stunden. Euphorisch machte ich mich dann immer auf den Weg zu meinen Auftritten.

Gefangen in der Kaserne

Nach der Grundausbildung wurde ich in die Kaserne auf dem Dreifaltigkeitsberg hoch über Regensburg versetzt. Auch hier organisierte ich mir immer wieder Sondergenehmigungen, um außerhalb der Kaserne auftreten zu dürfen. Sie wurden mir nur unter der Bedingung erteilt, ich würde am Spielort erwähnen, dass mein Major mich großzügigerweise hatte gehen lassen. Der Glanz des erahnten Ruhms sollte nicht nur auf mich fallen.

Nach solchen Auftritten in die Kaserne zurückzukehren, ließ manchmal Beklemmungsgefühle in mir aufsteigen. Die letzten Schritte auf die Kaserne zu wurden immer langsamer und schwerer. Mein Hals fühlte sich regelrecht eng an, wenn ich mich wieder zum Dienst meldete und der Soldat am Eingang mich mit der gestreckten Hand am Helm grüßte. Ich weiß im Nachhinein nicht, wie ich diese 15 Monate durchgehalten habe. Die Erinnerungen verschwimmen wie zu einem Albtraum.

Nicht jeder meiner Kameraden ging aus unserer Zeit beim Militär unbeschadet heraus. Einige meiner damaligen Freunde, wunderbare Musiker, wurden zu Alkoholikern. Oder haben es gar nicht überlebt. Was für ein Verlust für die Musikwelt! Sie konnten dem Druck einfach nicht standhalten. Die Musik, das künstlerische Talent, die Hingabe – das hatten wir alle. Aber ich hatte zudem das Glück, auch psychisch stabil genug zu sein, meistens schwierigste und manchmal auch widerwärtigste Erfahrungen wegzustecken.

Mein Widerspruchsgeist und mein spezieller Charakter hatten mich über Wasser gehalten. Vielleicht waren es aber auch die frühen Erfahrungen des Anders-Seins, die mich so stark gemacht hatten, dass ich alles Mögliche durchstehen und auch erdulden konnte. Dass ich nicht untergehen würde. Um keinen Preis. Dass ich wusste, dass ich genug Kraft hatte. Dass mich niemand und nichts mehr brechen konnte. Zumindest dachte ich zu diesem Zeitpunkt, dass nichts Schlimmeres auf mich zukommen könne. So hatte mich meine Kindheit als Stotterer bestens auf die Widrigkeiten des Lebens vorbereitet.

𝄞

Schwierig war auch die Herausforderung, in Niedersachsen Fuß zu fassen. Denn dort fing ich nach dem Wehrdienst an zu studieren. Hannover war nicht Bayern und schon gar nicht Franken. Zu Hause kannte und schätzte man mich. Obwohl in der Oboen-Klasse an der Musikhochschule die wunderbarsten Talente der Welt saßen, war ich dort im Norden doch nur einer von vielen. Es war wie ein Schock. Diesen Wert- und Ansehensverlust konnte man auch an den Gagen bezahlter Konzerte, den sogenannten Muggen („Musikalische Gelegenheitsgeschäfte"), ablesen. Während ich für ein Konzert in München damals etwa 600 DM erhielt, waren es in Hannover nur 80 DM. Was für ein Rückschritt in meinem Lebenslauf! Die Zweifel am eigenen Selbstwert begannen wieder aufzukeimen. Um mich über Wasser zu halten, musste ich mich erst einmal fast wie ein Anfänger beweisen, mich durch-arbeiten, durch-beißen, erneut meinen Stand erkämpfen. Ich kam ständig an meine Grenzen, vor allem im Vergleich mit anderen hervorragenden Musikern. Aber aufzugeben war natürlich keine Option. Nicht für mich.

Auch die Erlebnisse in Hannover waren wieder eindeutig wichtige Meilensteine für mich: Ich lernte, dass ich mir nie zu sicher sein konnte. Ich musste die Relativität aller Dinge und auch meiner eigenen Leistung anerkennen. Wieder ein großer schwerer Schritt für mich: Ich musste mich in Demut üben.

Doch schon bald meinte es das Schicksal wieder gut mit mir. Sofort nach dem Studium wurde ich als Solo-Oboist bei den wunderbaren Bamberger Symphonikern engagiert. Ich hatte schon während meines Studiums im Orchester dort immer wieder mitgespielt und mir einen Namen gemacht. Es überraschte also nicht zu sehr. Dennoch war es in der Musikerwelt damals ein Ritterschlag erster Güte und deshalb natürlich eine große Genugtuung nach den Kämpfen um Anerkennung während des Studiums.

Ich atmete erst einmal auf und durch. Langsam erholte ich mich von den Strapazen der vorausgegangenen Jahre. Die wunderbaren Auftritte und erfolgreichen Tourneen mit dem Orchester waren Balsam für meine Seele. Aber diese Phase währte nur kurz. Ich hätte mich auf meinen frühen Lorbeeren ohne Weiteres einige Jahre ausruhen können, schließlich bedeutete diese Stelle immenses Prestige und gleich zu Anfang meiner Karriere einen riesigen Sprung nach vorn und nach oben.

Doch die Ereignisse überschlugen sich rasch. Denn schon ein Jahr später passierte erneut etwas Schicksalhaftes. 1991 wurde die Stelle des Solo-Oboisten bei den Berliner Philharmonikern frei. Hans-Jörg Schellenberger, der Lebensgefährte und heutige Ehemann von Margit Süß, hatte mich darauf aufmerksam gemacht. Er selbst war langjähriges Mitglied der Berliner Philharmoniker.

So jung und noch so am Anfang meiner Karriere, wie ich war, rechnete ich mir keinerlei Chancen auf diese höchstkarätige Stelle in Berlin aus. Viele Hundert Musiker aus der ganzen Welt liebäugelten mit dieser Anstellung. Ich hatte mich zwar angemeldet und um die Stelle offiziell beworben, aber dem Probespiel wollte ich mich erst gar nicht unterziehen. Ich fürchtete, enttäuscht und geknickt von dannen ziehen zu müssen.

Als ich Hans-Jörg zwei Tage vor dem Vorspiel anrief und meine Teilnahme unter dem Vorwand einer erfundenen Krankheit absagen wollte, kam er mir mit einem ganz einfachen freundlichen Satz zuvor: „Wir freuen uns alle sehr auf dich beim Probespiel!" Das klang einladend, verlockend, wirklich ermunternd. Nun gab es kein Zurück mehr. Ich musste auf den Zug aufspringen. Zumindest musste ich es versuchen. Heute weiß ich: Manchmal muss man sich auch von anderen führen lassen, sich auf die Fügung einlassen.

Am nächsten Tag saß ich bereits im Zug nach Berlin. Zwar hatte ich immer noch riesigen Bammel vor dem Probespiel, aber ich fühlte mich nun so von der Herausforderung angezogen, dass ich den Dingen ihren Lauf lassen wollte. Es könnte alles in allem doch eine wertvolle Erfahrung sein und mir in Zukunft vielleicht helfen. Und, mal ehrlich, sagte ich zu mir: „Wann in absehbarer Zeit würde es wieder einmal so eine Chance geben?" Schließlich hatte ich ja nicht so viel zu verlieren. Die Stelle in meiner geliebten Heimatstadt Bamberg war mir sicher und ich hatte noch viel Zeit vor mir.

Die Nacht vor dem Probespiel bei den Berliner Philharmonikern durfte ich freundlicherweise bei einem fränkischen Bekannten eines sehr guten Freundes von mir verbringen, der zu dieser Zeit in Berlin wohnte. Der Musikgeschmack meines Gastgebers war durchaus etwas anders als meiner. Und so lief in der Ein-Zimmer-Wohnung bis morgens um 4 Uhr lautstark Heavy Metal.

Doch davon war ich nicht sonderlich beeindruckt. Ich konnte aus anderen Gründen nicht gut schlafen.

Er hatte mich nach meiner Ankunft äußerst gastfreundlich umsorgt und bot mir arglos sogleich von einer gerade aufgebrühten herrlich dampfenden Kanne Tee und seinen frisch gebackenen appetitlich riechenden Keksen an: „Willsd an? Die sän fai subbä! Prrobier a mol! Die hob ich selbä gebaggn." Und dabei grinste er mich selig an. „Sehr gern", erwiderte ich dankbar. Nichts ahnend griff ich, hungrig nach der langen Zugfahrt, beherzt zu, bis ich satt war. Ich trank auch eine Tasse des süßlichen Tees nach der anderen. Nach kurzer Zeit wurde mir allerdings etwas anders zumute. Ich wusste nicht mehr so recht, warum ich in dieser Wohnung war. Was ich in Berlin vorhatte, erschien mir in dem Moment auch gar nicht mehr so wichtig. In jedem Fall fand ich auf dem Sofa nur wenig Schlaf. Ein Erfolg beim Probespiel wenige Stunden später rückte damit in noch weitere Ferne. Wie sollte ich so bald nur fit für das Vorspiel sein?!

„Was war denn in den Keksen drin?", fragte ich meinen Gastgeber am Morgen, übermüdet, mit kreideweißem Gesicht und flauem Magen. „Cannabis. Im Tee auch. Hosd des ned rausgschmeggd?", gähnte er mir entgegen.

Eines war mir klar: Aus dem Vorspiel konnte nun wirklich unmöglich etwas werden. Ich fühlte mich immer noch benebelt. Aber durchziehen musste ich es trotzdem. Schließlich war ich jetzt schon mal da. Ich trank einen starken schwarzen Kaffee und duschte. Mein lieber Gastgeber bot mir an, mich zu fahren, wo auch immer ich hin musste. So wurde ich also an jenem wunderbar spätsommerlichen Septembermorgen, immer noch etwas zugedröhnt von der außergewöhnlichen Teestunde des Vortages, hinten auf einer orangefarbenen Vespa zum bedeutendsten Vorspiel meines Lebens in den musikalischen Olymp kutschiert.

Bekifft zum Vorspiel

Als ich in der Philharmonie ankam, waren meine Erwartungen so tief gesunken, dass ich eigentlich gleich wieder umkehren wollte. Doch dann traf ich Thomas Rhode, einen alten lieben Freund von mir, der heute Solo-Oboist bei der Hamburger Oper ist. Auch er war zum Probespiel angereist, mit genauso wenig Hoffnung auf Erfolg. Zu viele international anerkannte Musiker waren in der Konkurrenz. „Ich fühle mich so schlecht, ich glaube ich fahre heim", jammerte ich in den Nachwehen der vergangenen Nacht. „Nein, das darfst Du auf keinen Fall tun", hielt mich Thomas zurück. „Du musst auf jeden Fall die erste Runde mitspielen. Egal wie es läuft, Du bekommst dann das Fahrtgeld erstattet." Das war ein überzeugendes Argument!

Dass ich blieb, war eine der wichtigsten Entscheidungen meines Lebens. Von den etwa 250 Bewerbern aus der ganzen Welt waren 28 zum Probespiel eingeladen worden. Als ich an der Reihe war, spielte ich Mozarts Oboenkonzert und geduldete mich danach wie alle anderen im Foyer. Dort herrschte wider Erwarten eine freundliche und kollegiale Atmosphäre. Wir unterhielten uns alle sehr nett miteinander. Die Konkurrenz unter uns war nicht zu spüren. Ich hatte mir schon überlegt, mit welchem Zug ich zurück nach Bamberg fahren würde, als mir nach etwa einer halben Stunde verkündet wurde, dass ich die zweite Runde erreicht hatte.

Noch immer nicht viel zuversichtlicher spielte ich nun auswendig das Oboenkonzert von Richard Strauss. Ohne Noten vorzuspielen – das wusste ich – war unüblich. Aber ich wagte es. Wieder eine halbe Stunde später konnte ich meinen Ohren kaum trauen: Ich war auch in die dritte und letzte Runde eingeladen.

Meine stoische Fassade fing nun an zu bröckeln und es begann langsam in mir zu arbeiten: „Was, wenn doch …?" Aber schnell verbat ich mir den Gedanken, ich könnte als Letzter auf der Bühne stehen. Ich wollte dem kleinen Pflänzchen Hoffnung nicht zu viel Dünger und Wasser geben. Schnell schob ich das Aufkeimen in weite Ferne und konzentrierte mich nur auf das, was jetzt zu tun war: nämlich spielen. So gut ich nur konnte. In der letzten Runde, Seite an Seite auf der Bühne mit einem südafrikanischen und einem französischen Mitbewerber, wurde der Druck erhöht. Wir mussten nacheinander die schwierigsten Orchesterstücke spielen, die es für die Oboe nur gab, nämlich folgende Orchesterstellen: das Richard Strauss' „Don Juan"-Solo, Gioachino Rossinis „La scala di seta" und das Violinkonzert von Johannes Brahms.

Aber selbst in dieser Konstellation war jeder dem anderen gegenüber wohlgesonnen. Ich hatte keinerlei missgünstige Gedanken oder wünschte, die anderen würden schlechter spielen als ich. Schließlich wussten wir ja, dass wir alle sehr gute Musiker waren. So bekam ich im schwierigsten Teil des Vorspiels durch die geballte Männersolidarität sogar noch Kraft.

Danach war wieder Warten angesagt. Aber dieses Mal wurde die halbe Stunde zur Tortur. Wir alle waren voller Nervosität. Es gab kein Halten mehr, das Blut raste scheinbar durch meinen Körper. Endlich kam ein Vertreter des Auswahlgremiums vor die Tür und verkündete mitten im Foyer: „Herr Mayer, wir haben uns für Sie entschieden. Herzlich willkommen im Orchester!"

Ich bedankte mich ruhig und ging langsam zu der kleinen Telefonkabine, die es damals noch im Foyer der Philharmonie gab, warf eine Münze hinein und wählte die Nummer meiner Eltern. „Ja, also, es ist ganz gut gelaufen. Sie haben sich lange beraten. Und so wie es aussieht, bin ich es geworden", nuschelte ich zurückhaltend, als meine Mutter abnahm. Doch plötzlich platzte es aus mir heraus, und ich schrie in den Hörer: „Ja! Ich bin es geworden! Ich habe die Stelle!!!"

Von der Zugfahrt von Berlin zurück nach Bamberg bleibt mir nicht geringste Erinnerung. Ich muss die etwa sechs Stunden im Schockzustand verbracht haben.

Niemand hätte damit gerechnet, dass ich die Stelle bekomme. Ich wohl als Letzter. Mein Opa Paul weinte sogar, als er es erfuhr. Aber nicht vor Freude. Er war so in seiner kleinen Welt gefangen, in der man sich mit Mühe und Not jeden noch so kleinen Erfolg hart erarbeiten musste. Ein so fulminanter Aufschwung von einem Tag auf den anderen für einen jungen Menschen wie mich war ihm äußerst suspekt: „Das kann doch nicht gut sein, dass der Albrecht so schnell Karriere macht“, sorgte er sich gegenüber meinen Eltern, als er erfuhr, dass ich die Stelle als Solo-Oboist bei den Berliner Philharmonikern tatsächlich bekommen hatte.

Die Welt der Kunst und Musik hat zuweilen andere Katalysatoren als die der Beamten und der Arbeiter. Nicht immer, aber mitunter. Und so gelten auch andere Regeln im Orchester. Mich erwartete keine in Watte gebettete Traumwelt, sondern ein knallharter Initiationsprozess, der zwei Jahre lang dauerte und für mich oft sehr, sehr schmerzhaft war. Doch den Schlüssel im Schloss hatte ich erst einmal umgedreht. Die Tür stand offen.

Nicht immer erweitern Schlüsselmomente im Leben den Blick. Sie können ihn auch verengen und gleichzeitig fokussieren. In meiner Erinnerung, als ich zwölf Jahre alt war, eröffnete mir meine Mutter eines Tages, sie würde sich von meinem Vater scheiden lassen. Die Konflikte zwischen den beiden ließen sich nicht mehr ertragen oder gar lösen. Sie sprach im Stakkato, als wolle sie mir keine Zeit zum Widerspruch oder für Fragen lassen. Ich würde in ein Internat kommen, schloss sie. Ich war gerade aus der Schule nach Haus gekommen, als diese Hiobsbotschaft über mich wie ein unerwarteter Regenguss hereinprasselte. Ich fühlte mich wie gelähmt. Gerade erst hatte sich für mich mit dem Aufkeimen meiner Liebe zur Oboe und der Mitgliedschaft in verschiedenen Orchestern eine neue Welt eröffnet, da schien alles von einem Moment auf den anderen in sich zusammenzubrechen. Die neu gewonnene Freiheit und Unabhängigkeit – dahin. Ich hatte Angst, alle meine Bezüge aus meinem bisherigen Leben würden schlagartig gekappt werden. Aber auch in dieser Phase der totalen Einsamkeit, der Verzweiflung, lernte ich eine wichtige Lektion: „Wenn ich mich auf andere verlasse, bin ich verlassen." So traurig das klingt, so viel hat es mir für mein Leben gebracht. Von nun an wollte ich mich noch mehr auf mich selbst und mein Können und meine eigene Kraft verlassen. Gott sei Dank versöhnten sich meine Eltern wieder. Aber der Schock hat mich unglaublich stark gemacht.

Schlüsselmomente erlebt jeder Mensch. Sie sind eine Gnade, wenn man das Glück hat, sie zu erkennen. Aber selbst, wenn man deren Bedeutung für das eigene Leben noch nicht begreift, wirken deren Umstände unterbewusst. Die allermeisten Menschen sind nicht von sich aus glücklich oder gehen allzeit lächelnd durch die Welt. So auch ich. Und nicht alle Menschen haben die Kraft, sich eigenständig aus schwierigen Umständen in ein besseres Leben zu kämpfen. Manche bleiben in einer Art Opferzustand hängen.

Jeder hat seine speziellen Herausforderungen und Aufgaben im Leben zu bewältigen. Bis zu einem gewissen Grad sind wir allerdings natürlich auch Spielball des Schicksals. Manches im Leben klappt ohne Zutun. Anderes funktioniert selbst bei größtem Einsatz nicht. In diesem Fall kann man dann nur hoffen, dass irgendwann etwas Besseres darauf folgen möge. Im Sinne von „Hilf dir selbst, dann hilft dir Gott" bin ich fest davon überzeugt, dass wir unser Leben zu einem großen Teil selbst beeinflussen können. Manchmal aber eben mit extrem großer Kraftanstrengung.

Die Mehrzahl der Musiker, die ich kenne, leiden an etwas und suchen nach dem Glück. Wie ich arbeiten sie daran, es zu finden. Die Weichen stellenden Momente auf diesem Weg sind auch manchmal schmerzhaft, aber sie weisen uns immer in die richtige Richtung: zu wachsen, zu lernen – der eigenen Erfüllung, dem Glück einen kleinen Schritt näher zu kommen. Was genau dieses Glück aber ist und ausmacht, nach dem wir suchen, definiert sich in jeder Lebensphase neu.

Menschliche und persönliche Erfahrungen sind für mich untrennbar von meiner Entwicklung als Musiker. Ich arbeite an der Verbesserung meiner zahlreichen Unzulänglichkeiten als unvollkommener Mensch. Ich bin keine Ausnahme: Auch ich mache meist nur Trippelschritte in eine Richtung. Doch immer, wenn ich menschlich einen Fortschritt gemacht habe, bin ich gleichzeitig auch ein besserer Musiker geworden.

Meine Schlüsselerlebnisse haben mich oft in vielerlei Hinsicht unfreiwillig reifen lassen, so zum Beispiel das schmerzhafteste Erlebnis meines Lebens: der Tod meiner geliebten Oma Anni. Ich fühle mich ihr noch heute so nah verbunden wie eh und je. Sowohl physisch gibt es keine Trennung als auch seelisch. Ich halte stets im Herzen Zwiesprache mit ihr. Diese nicht gekannte Dimension der Verbindung über den Tod hinaus hat mich auch meinem Glauben nähergebracht. Auch anderen Menschen scheint es angesichts des Todes so gegangen zu sein.

Viele Menschen behaupten, sie hätten keinen Glauben. Aber wenn der Tod naht, rufen sie doch nach Gott und seiner Gnade.

Wenn etwas Gutes geschieht, wird es Gott zugeschrieben, wenn Schmerzhaftes in unser Leben kommt, ist es wohl eher das Schicksal, denken viele.

Der Institution Kirche hingegen stehe ich mittlerweile eher kritisch gegenüber. Aber ich glaube an eine übergeordnete Kraft, von der wir uns leiten lassen können, auch ohne weltliche Institution. In den schwierigsten Momenten des Lebens kann die Religion aber wiederum auch den Menschen helfen, ihnen Halt geben. Das weiß ich aus eigener Erfahrung. In den intimsten Momenten des Lebens, wenn es wirklich darauf ankommt, muss jeder sich mit seinem Gott, seiner höchsten Kraft, eins zu eins alleine auseinandersetzen.

• • • • • • • • • •

So viele bedeutende Ereignisse haben mich im Leben geprägt, haben mir den Schlüssel zu neuen Sphären und Entwicklungsstufen in die Hand gedrückt. Jedoch das entscheidendste Erlebnis war die Geburt meiner Tochter Laura. Es klingt banal und ist doch die grundlegendste Lektion meines Lebens: Nicht nur ich zähle. Mit ihrem entwaffnenden Lächeln und ihrem liebevollen „Papa!" holt sie mich regelmäßig von meinem Podest herunter – wofür ich ihr von ganzem Herzen dankbar bin.

3
Weichensteller

Mir perlte der Schweiß von der Stirn. Zwei Tage lang. Nonstop. Der einzige Ventilator, der vor uns auf der Bühne stand, nützte nur wenig gegen die schwül-heiße Luft. An die hohe Luftfeuchtigkeit konnte ich mich auch nach einigen Tagen in Caracas nur langsam gewöhnen.

Vor etwa zwanzig Jahren unterrichtete ich ehrenamtlich eine Meisterklasse für „El Sistema". José Antonio Abreu hatte diese Organisation in Venezuela gegründet, damit arme Kinder und Jugendliche die Möglichkeit bekamen, Musikunterricht zu nehmen und in Orchestern zusammen zu spielen.

Tickets für Meisterkurse kann normalerweise jeder kaufen, um aktiv auf der Bühne zu lernen oder passiv im Publikum zuzuhören. Die Zuhörer sind oft selbst keine Oboisten, sondern Fans oder einfach Klassik-Liebhaber.

Die Kurse finden nicht regelmäßig wie in einer Hochschule statt. Es handelt sich dabei nämlich um exklusive ein- oder mehrtägige Veranstaltungen, zu denen Schüler über Jahre hinweg immer wieder kommen, um sich zu verbessern. Denn es braucht oft eine lange Entwicklungsphase, bis man bestimmte Techniken versteht und umsetzen kann. Vor Publikum zu spielen und zu lernen, hat für die aktiven Studenten eine besondere Qualität. Erst erscheint es schwieriger zu sein. Aber die Energie und das Wohlwollen im Saal trägt.

Diese Erfahrung sollten die Jugendlichen von „El Sistema" auch machen dürfen. Wir probten Gustav Mahlers „Auferstehungssymphonie". Der Enthusiasmus der Jugendlichen war mitreißend. Ich war tief beeindruckt von deren Willen und Fokus. Sie wollten lernen, lernen, nichts als lernen. Ihnen machte das Klima nicht das Geringste aus. Sie waren ganz anderes gewöhnt.

Alle Teilnehmer dieser Klasse hatten schwierige Anfangsbedingungen in ihrem Leben. Manche erzählten mir in den Pausen davon. Viele von ihnen stammten aus den sogenannten Barrios, den Slums. Ihr Leben war von Armut und Gewalt geprägt. In den Musikschulen allerdings erhielten sie neben der musikalischen Ausbildung auch zu essen und Kleider. Sie waren dort in Sicherheit und erfuhren Zuwendung und Bestätigung. Ich hoffte, einen kleinen Teil dazu beizutragen, denn ich bewundere, was „El Sistema" seit der Gründung geleistet hat.

„Sie sind die Musik"

Von Anfang bis Ende der Klasse saß ein einfach gekleideter älterer Mann in der ersten Reihe. Er fiel mir auf, als er auch am zweiten Tag wieder erschien. Er hörte die gesamte Zeit, Stunde um Stunde, gebannt zu. Als der Kurs zu Ende war und ich mich von meinen Studenten verabschiedete, kam er langsam auf mich zu. Ich erwartete, dass er mich vielleicht um ein Autogramm bitten oder mit mir ein nettes Gespräch beginnen würde. Unvermittelt, ohne zu grüßen, begann er auf Spanisch zu sprechen: „Sie sind kein guter Musiker." Ich schaute ihn verdutzt an, als er daraufhin eine Weile schwieg. Hatte ich das richtig verstanden? Mein Spanisch war vielleicht nicht gut genug. Doch, er hatte doch ganz deutlich gesprochen. Ich war sprachlos und wusste nicht, was ich antworten sollte, oder ob ich überhaupt antworten wollte. Wollte er mich wirklich derart beleidigen und angreifen? Doch dann sah mir dieser kleine dunkelhaarige Mann hoch in die Augen und fügte noch bestimmter als zuvor hinzu: „Sie sind die Musik." Er verbeugte sich kurz, drehte sich um und war so schnell aus dem Raum verschwunden, dass ich auch dann gar nicht reagieren konnte. Ich war so baff, dass ich einfach nur wie angewurzelt stehen blieb und ihm nachsah.

Noch nie in meinem Leben hatte ich eine solche Bestätigung erhalten. Alle Preise der Welt konnten dieses bombastische Kompliment nicht aufwiegen. In diesem Moment war mir die größte Auszeichnung zuteilgeworden, die es auf der Welt für einen Musiker nur geben konnte. Ich brauchte mehrere Minuten, bis die positive Auflösung dieser Situation wirklich in meinem Herzen angekommen war.

Wir Kulturschaffenden sind ständig mit Selbstzweifeln beschäftigt. War der Auftritt gut genug? Hätte ich das Stück nicht doch noch besser spielen können? War ich nicht zu schnell? Könnte es ein anderer nicht viel virtuoser? Warum war der Applaus nicht so laut wie sonst? Wir müssen immer wieder gegen harsche Selbstkritik und Unsicherheit ankämpfen. Aber vielleicht ist es auch genau das, was uns zu Höchstleistungen antreibt. Deshalb brauchen wir auch die Bestätigung von außen. Wir leben davon – vor allem ich. Vielleicht mehr als von jeder noch so guten Gage. Es ist schwer zu beschreiben, was dieser Venezolaner mit seinem Satz bei mir ausgelöst hat. Er hat mir eine Carte blanche in die Hand gedrückt, die ich innerlich immer wieder ausspielen kann, wenn mich erneut die Zweifel plagen. In aller Demut kann ich sagen: Ich glaube, dass er mich als Musiker erkannt hat. Aber auch als Mensch hat er mich zutiefst berührt und nachhaltig beglückt.

Schlüsselmomente sind häufig an Menschen gekoppelt, die entweder in unserem Herzen oder ganz praktisch für unser weiteres Leben eine Weiche stellen. In jedem Fall sind wir nach einer solchen Begegnung nicht mehr so wie zuvor.

Selbstverständlich beginnt die Weichenstellung sehr früh. Und manchmal wird von einem Menschen nicht nur eine Weiche gestellt. Den wohl wichtigsten Einfluss auf mein persönliches Leben hat mein Vater ausgeübt. Denn schon allein, dass er mir quasi die Oboe gegen mein Stottern „verschrieb", könnte für mein Leben nicht wichtiger gewesen sein. Aber wie viele andere Weichen hat er noch gestellt!

Obgleich mich seine unumstößliche Autorität in vielerlei Hinsicht als Kind eingeschüchtert und mir auch geschadet hat, so habe ich als Erwachsener die Vielschichtigkeit seiner Persönlichkeit erst begreifen können. Nach und nach verstand ich, warum er nicht anders konnte, als das zu sein, was er eben war. Seine tyrannischen Phasen waren nicht das Zeichen von Boshaftigkeit. Oft genau das Gegenteil. Sie zeugten vielmehr von seiner eigenen Hilflosigkeit, gefangen in den Folgen seiner eigenen Geschichte und Prägung.

Mir wird auch unsere tiefe innere Verbundenheit – die ich lange Zeit nicht wahrhaben wollte – klar, wenn ich meine Kindheitserfahrungen mit ihm und in unserem Familiengefüge Revue passieren lasse. So relativiert sich vieles von dem, was ich früher als unverzeihlich erachtete. Die Waagschalen kommen in der Retrospektive eindeutig mehr ins Gleichgewicht. So ist mir heute ganz klar: Wenn es darauf ankam, war mein Vater immer da. Aber noch wichtiger: Ich weiß heute, dass mein Vater nicht nur der Starke war. Seine Schwächen zu erkennen und seine Sehnsüchte zu verstehen, bringt mich ihm immer näher.

Dem Vater ganz nahe

„Du führst das Leben, das ich gerne gelebt hätte", hat mein Vater einmal zu mir gesagt, nachdem ich mich bereits als Musiker etabliert hatte. Er beneidete mein buntes freies Leben im Rampenlicht mit den vielen Reisen. So gerne hätte er sein eigenes Leben ausschließlich der Kunst und allem, was damit verbunden ist, gewidmet.

Stieg man in unserem Haus drei Stockwerke empor, wurde die Luft immer mehr verdichtet von dem Geruch der Ölfarben aus dem Atelier meines Vaters im Dachgeschoss. Denn dorthin zog er sich regelmäßig, nachdem er aus der Praxis gekommen war, zurück zum Malen. Oft stundenlang. Häufig durfte ich ihm als Kind dabei Gesellschaft leisten. Ich fühlte mich dort oben mit ihm am wohlsten, denn beim Malen war er am weichsten, wahrscheinlich weil er in diesen Momenten mit sich selbst am ehesten im Frieden war.

Überall standen fertige und halbfertige Bilder herum, Skizzen, Staffeleien. Überall lagen Tuben und Pinsel. Da fast die gesamten Wände bodentief verglast waren, fühlte man sich wie in einem Atelier über den Dächern von Paris. Ich fand es spannend, meinem Vater in dieser herrlichen Atmosphäre zuzusehen, wie er schwungvoll einen langen Pinsel über die Leinwände bewegte und immer wieder Farben neu mischte. Mich faszinierte, mit welcher Konzentration er sich dem Malen widmete. Er unternahm mit mir damals wenig gemeinsam. So genoss ich die Zeit, die ich bei ihm im Atelier sein konnte, umso mehr.

Ich habe ihn dort bewundert, aber mit liebevollen Augen habe ich ihn damals nicht angesehen. Das konnte ich erst viele Jahre später, als ich erwachsen war. Erst dann verstand ich, dass ich nicht nur mein Leben führte, sondern auch eines für ihn als Stellvertreter. Diese Erkenntnis brachte mich ihm noch näher. Auch, dass er mir immer mehr Anerkennung schenkte – schenken konnte –, öffnete mein Herz für ihn.

Viele Jahre später konnte ich spüren, dass er geradezu stolz mit mir durch Bamberg schlenderte, wenn ich zu Besuch war. Mein Licht fiel nun auch auf ihn. Zudem wurde es mit der Zeit immer mehr möglich, mit ihm tiefgehende Gespräche zu führen und zu diskutieren. Das wäre als Jugendlicher undenkbar gewesen. Früher hätte er jeden Widerspruch sofort unterbunden oder er hätte mich erst gar nicht zu Wort kommen lassen. Auch ich genieße diese Spaziergänge heute sehr, bei denen wir uns angeregt über Gott und die Welt unterhalten. Bei einem dieser Gänge durch die Bamberger Altstadt blieb er einmal unvermittelt stehen und nahm mich in die Arme. „Ich bin stolz auf Dich!" Die körperliche Zuwendung durch ihn war mir so fremd, dass ich fast erschrak. Aber diese Geste heilte viele Wunden in mir.

Dass ich endlich eine liebevolle Nähe zu ihm empfinden und zulassen kann, macht mich sehr glücklich. Doch noch schöner ist es, wenn wir gemeinsam musizieren, er auf dem Flügel und ich auf der Oboe. Schon als Kind lauschte ich ihm oft mit großer Bewunderung, wenn er am Klavier improvisierte. Und schon damals fanden wir durch das gemeinsame Spielen unsere eigene Sprache, mit der wir immer gut kommunizieren konnten.

Ich bin meinem Vater letztendlich in vieler Hinsicht sehr ähnlich: Er brauchte immer schon – ähnlich wie ich – die Anerkennung von außen. Er definierte sich zu großen Teilen darüber. Er war in Bamberg nicht nur als Kinderarzt bekannt wie ein bunter Hund und auch sehr angesehen. Er engagierte sich zudem in vielen gesellschaftlichen Bereichen und trat gerne in der Öffentlichkeit in

Erscheinung. So war er der Präsident des Faschingsvereins, er stand dem Bamberger Kunstverein vor und er war ein wichtiges Mitglied im Tennisclub. Er übernahm gerne Ämter und Verantwortung. Im Smoking, die schwarzen glänzenden Haare aus der Stirn gekämmt, moderierte er auch gerne Veranstaltungen im Theater. Mein Vater war in ganz Bamberg bekannt und beliebt. Er kann noch heute außerordentlich gut Reden halten und die Menschen unterhalten. Er genießt es, vor anderen zu sprechen und sich darzustellen. Er fühlt sich wohl unter Menschen und liebte es auch immer, von Frauen umschwärmt zu werden.

Mein Vater hat definitiv ein sogenanntes Helfersyndrom. Ich habe es nie erlebt, dass er an einem Bettler vorbeigegangen wäre, ohne ihm etwas zuzustecken. Mein Vater engagierte sich auch für sozial schwache, behinderte und kranke Menschen. Als ich älter war, durfte ich meinen Vater als Assistent begleiten, wenn er Familien in sozialen Brennpunkten ärztliche Hilfe leistete. Er war außerdem für den Verein „Lebenshilfe e. V." tätig, der sich für Menschen mit Behinderung in der Stadt einsetzt. Er hat sogar teilweise die Taubstummensprache gelernt, um besser mit seinen Patienten kommunizieren zu können. Auch in dieser Funktion durfte ich ihn immer wieder einmal begleiten.

Plötzlich sah ich ihn nicht in seiner Rolle als oft jähzorniger Vater bei uns zu Hause, sondern im weißen Arztkittel, wie er fremde Kinder mit viel Humor und echter Zuwendung behandelte. Ich sah eine liebevolle Art an ihm, die er daheim nur allzu selten zeigen konnte. Einmal, ich war noch im Studium, begleitete ich meinen Vater als Assistent zu einem Notfall, bei dem ein schwerstbehindertes Kind einen katatonischen Anfall hatte. Es befand sich quasi im Wachkoma, konnte sich nicht rühren. Wie in einer Art Totenstarre lag es mit weit aufgerissenen Augen total versteift auf dem Bett. Ich beobachtete meinen Vater, wie er den Körper des Jungen erst sanft, dann heftiger berührte, massierte, ihn durch einen aktiven Prozess aus der Versteifung herausholte. Das tat er wohl gefühlt etwa eine Dreiviertelstunde lang – bis das Kind endlich einen lauten Befreiungsschrei ausstieß, einem Wolfsgeheul ähnlich. Sein Körper wurde wieder weich. Die Entspannung setzte ruckartig ein. Der kritische Zustand war vorüber. Mir schossen die Tränen in die Augen, ich musste mich wegdrehen, konnte die Szene vor Ergriffenheit nicht mehr länger beobachten. Mein Vater hatte das Kind vor meinen Augen dem Koma entrissen. Innerlich verbeugte ich mich vor ihm. Für meinen Vater waren solche Situationen als Arzt nichts Außergewöhnliches. Er erlebte kritische Momente wie diesen immer wieder. Ich glaube, er mochte auch die intensiven Momente, in denen er helfen konnte. Ich habe mich damals gefragt, ob ich das auch könnte, eine solche Verantwortung zu tragen. Doch für mich war es unvorstellbar.

Ein wichtiges Vorbild

Diese Erfahrungen mit meinem Vater haben mich sehr geprägt, haben Weichen in meiner Persönlichkeitsentwicklung gestellt. Sie haben mir gezeigt, wie vielschichtig eine Persönlichkeit sein kann, dass ein Mensch nicht nur das eine oder das andere ist – nicht nur gut oder schlecht. Und sie haben mich gelehrt, mich selbstlos für andere, vor allem für Schwächere, einzusetzen. So kam auch Julia Vera Hedwig zu uns.

Ich war sieben Jahre alt, als einer meiner sehnlichsten Wünsche in Erfüllung ging: Ich wollte so gerne eine Schwester haben. Mein Vater war damals von einem Kinderheim angesprochen worden, ob er wohl eine Pflegefamilie für ein vier Wochen altes Mädchen finden könne. Er hätte doch so viele Verbindungen, kenne so viele Menschen. Er versuchte sein Bestes, doch ein Kind mit einem Herzfehler wollte niemand haben. Da sprang meine Mutter kurzerhand ein: „Wir nehmen sie!", verkündete sie beherzt, „und zwar für immer." Mein Vater war mit einer Adoption ohne zu zögern einverstanden.

Mein Bruder und ich jubelten überglücklich: „Wir bekommen eine Schwester!". Julia war sofort mehr als willkommen in unserer Familie und wir liebten sie von Anfang an über alles. Dass sie adoptiert war und nicht aus dem Bauch unserer Mutter kam, war uns vollkommen gleichgültig. Sie war einfach unsere Schwester.

𝄞

Auch mein wunderbarer erster Oboen-Lehrer, Gerhard Scheuer, hat sich ebenfalls für ein kleines schwaches Kind eingesetzt, als er den Unterricht mit mir begann. Kaum war ich auf dem Gymnasium, nahm er den „kleinen Kümmerling", wie er mich zu Anfang bezeichnete, unter seine Fittiche. Er brauchte dringend Oboisten für das Schulorchester und konnte deshalb nicht allzu wählerisch sein. Wahrscheinlich hat er sich anfangs auch nicht viel von mir versprochen. Sicher dachte er bei sich: „Der ist klein und läuft dann halt so mit." Doch in seiner Oboen-Klasse überholte ich innerhalb kürzester Zeit alle anderen – obwohl sie drei, vier Jahre älter und viel kräftiger waren als ich.

„Ah, da tut sich was…", hörte ich meinen Lehrer vor sich hinsagen, als er begann, mir immer mehr Aufmerksamkeit zu schenken. Das merkte ich auch. Ich begann für mein Instrument zu brennen und übte mit großer Freude und Hingabe. Schon bald konnte ich zum Beispiel das Zwerchfell-Vibrato mit vollem

Körpereinsatz spielen – im Gegensatz zu den anderen. Es ist so schwierig zu spielen, weil die muskuläre Bewegung den ganzen Körper stark belastet.

Es war klar, dass ich Einzelunterricht bräuchte, um adäquat gefördert werden zu können. Also kam Gerhard Scheuer ab sofort regelmäßig zu uns nach Hause, um mir dort Unterricht zu erteilen. Er hatte mein Talent erkannt und war so voller Enthusiasmus, dass er mir alles zutraute und mir sofort so viel wie möglich beibringen wollte. Dieses Vertrauen in mich motivierte mich zu Höchstleitungen. „Du wirst noch Millionär mit Deiner Musik", prophezeite er mir, als ich zwölf Jahre alt war. (In diesem Alter war das überhaupt die Motivation schlechthin.) So sehr glaubte er an mich.

Ich blühte unter seiner Anerkennung regelrecht auf. Und er war selbst sehr glücklich, dass er mich entdeckt hatte. Das versicherte er mir, als ich ihn vor einigen Jahren besuchte: „Es war so schön, dass ich einen solchen Schüler wie Dich hatte. Es war das Glück meines Lebens." Und für mich war es das Glück meines Lebens, einen Lehrer wie Gerhard Scheuer zu haben. Ohne ihn, wer weiß, wäre mein Talent vielleicht nicht entdeckt worden, wäre ich vielleicht nie Oboist geworden. Er war sicher der wichtigste Weichensteller meiner musikalischen Karriere.

𝄞

Auch mein verehrter Alfred Zwiebel hat zu den Menschen gehört, die ein weiteres Talent in mir gesehen und gefördert haben. Er war einer meiner geistigen Ziehväter. „Deine Oboe ist ja schön und gut, aber Du musst Dirigent werden!", postulierte er jedes Mal, wenn ich ihm während meiner Besuche bei ihm in New York von meinen Erfolgen mit der Oboe erzählte. Das sagte er mir schon bei meinem ersten Besuch, als ich 21 Jahre alt war. Doch das genügte ihm nicht. Alfred saß dabei auf einem Stuhl in seiner winzigen Wohnung und schaute mich jedes Mal eindringlich an, als wolle er mit seinem Blick den Satz noch unterstreichen.

Ich genoss die intellektuelle Atmosphäre in seiner mit Büchern und vor allem Bildern vollgestopften Wohnung sehr. Alfred war ein berühmter Kunstmaler und Freund meiner Familie. Er emigrierte 1935 aus Bamberg in die USA – so konnte er sich als Jude früh vor den Nazis retten. Nach dem Krieg hat er in seiner früheren Heimatstadt mit Ausstellungen seiner Kunst viele große Ereignisse beehrt, wie zum Beispiel das 1000-jährige Bestehen Bambergs oder die erneute Weihe des dortigen Doms. Er pflegte lebendige Freundschaften mit den Sänger-Ikonen Richard Tauber und Anneliese Rothenberger und hatte in New York eine eigene Radiosendung, in der er Teile seiner großen Schallplattensammlung vorstellte.

Doch als er so vor mir saß, ging es nicht um ihn. In diesem Fall nahm er sich einmal zurück. Dirigieren! Er rannte damit bei mir offene Türen ein, denn tatsächlich war ich davon schon lange fasziniert, genauer gesagt seit dem ersten Mal, als ich das Schulorchester meines Gymnasiums dirigieren durfte.

Alfreds eindringliche Aufforderung ging mir nie wieder aus dem Kopf. Er hatte meine Ambitionen so sehr bestärkt, dass ich auch nicht zögerte, als man mir die musikalische Leitung der angesehenen Musikwoche Hitzacker anbot. Ich sagte mit großer Begeisterung zu. Was für eine wunderbare Gelegenheit, sowohl Oboe zu spielen als auch zu dirigieren!

So konnte ich jahrelang beide meiner Berufungen unter einen Hut bringen. Meine Faszination für das Dirigieren und meine Verehrung großer Dirigenten geht so weit, dass ich schon seit vielen Jahren Taktstöcke berühmter Meister sammle, wie zum Beispiel Daniel Barenboim, Claudio Abbado und Mariss Jansons.

Es ist mittlerweile eine sehr große Sammlung. Irgendwann werde ich sie in einer Ausstellung der Öffentlichkeit präsentieren. Aber für den Moment lasse ich die Aura dieser wunderbaren Batons auf mich alleine wirken – in Gedanken versunken an all die schönen Begegnungen mit den verehrten Maestri, von denen viele bereits verstorben sind.

Auch mein lieber alter Freund Alfred ist nun schon lange tot. Aber jedes Mal, wenn ich selbst auf der Bühne stehe und dirigiere, sehe ich ihn lächelnd vor mir stehen.

𝄞

Lehrer und Förderer sind für Musiker und Künstler auf mehreren Stufen ihrer Entwicklung von allergrößter Bedeutung. Talent muss einmal erkannt, danach aber immer weiter gefördert werden. Man könnte meinen, es gehöre sehr viel Glück dazu, einen passenden Schlüsselmenschen zu finden. Ich für meinen Teil bin Fatalist. Ich glaube also an Fügung, wenn einem der Mensch, den man gerade braucht, zur richtigen Zeit begegnet.

Meinen Weg kreuzten tatsächlich oft die richtigen Menschen zum richtigen Zeitpunkt. Allerdings sehe ich das nicht unbedingt als Zufall an. Ich musste mich auch manchmal nach dem für mich richtigen Förderer umsehen beziehungsweise zwischen mehreren auswählen. Doch wie soll man wissen, wer der Richtige ist? Gerade als Musiker ist die Lehrer-Schüler-Beziehung sehr eng, fast intim. Auf wen soll man sich einlassen? Wem gibt man die Macht, die sehr individuelle Entwicklung zu prägen? Und wen lässt man wirklich eng an sich heran?

Kaum hatte ich das Abitur in der Tasche, begab ich mich auf die Suche nach einem passenden Lehrer, bei dem ich studieren wollte. Ich pokerte hoch und stellte mich bei niemand Geringerem vor als meinen Oboen-Vorbildern schlechthin: Heinz Holliger in Freiburg, der damals unter den Oboisten als gottgleich galt, Günther Passin in München und Ingo Goritzki in Hannover. In den folgenden Wochen begab ich mich auf eine Art Odyssee zu den Meistern der Oboe und erlebte dabei die absurdesten Dinge.

Auf einer Odyssee zu den Meistern

Ich war bereits Soldat und mit meiner Truppe gerade in einem abgelegenen Lager im Bayerischen Wald auf Übung, als ich mich auf den Weg zu Ingo Goritzki machte. Er hatte mich auf das Familienanwesen in Rottweil eingeladen, um ihm dort vorzuspielen und Unterricht zu nehmen. Da ich keinen Freigang hatte, entfernte ich mich morgens um sechs Uhr unerlaubt aus dem Lager und schlich mich zur nächstgelegenen Bushaltestelle. Von dort aus ging es weiter zum Bahnhof.

Neun Stunden lang fieberte ich – doch mit gleichzeitig schlechtem Gewissen – in scheinbar unzähligen Bummelzügen Richtung Schwarzwald der Begegnung entgegen. Der letzte Bus brachte mich vom Bahnhof auf einen Berg außerhalb von Rottweil. Mitten auf einer Landstraße, wie es schien „in the middle of nowhere", hielt der Busfahrer an und zeigte sicher mit dem ausgestreckten Arm weiter nach oben: „Des isch die Villa von dem Goridsgi!" So schickte er mich in bestem Schwäbisch noch weiter bergauf. Ich musste noch mehrere Hundert Meter querfeldein über einen Acker zu dem auf einer Anhöhe alleinstehenden Haus laufen.

Mit verschlammten Springerstiefeln und in Bundeswehr-Uniform, meinen Oboen-Koffer in der Hand, klingelte ich außer Atem und mit pochendem Herzen. Ein Mann öffnete mir und sah mich fragend an: „Wer sind Sie denn? Kann ich Ihnen helfen?"

Was für eine Frage! „Ich bin Albrecht Mayer. Ich hatte angerufen. Wir haben doch einen Termin", entgegnete ich ungläubig. „Davon weiß ich gar nichts", erwiderte er. Es verging eine ewige Minute des Schweigens. Wir sahen uns beide ratlos an. Mir sank das Herz in die Hose. Ich fürchtete, die ganze Tortur der Reise sei umsonst gewesen. Vor meinem inneren Auge sah ich mich tagelang Gewehre putzen als Strafe dafür, dass ich ohne Erlaubnis die Kompanie verlassen hatte. Und wofür? Für nichts! Ingo Goritzki erkannte mich nicht einmal! Ich war unendlich enttäuscht.

„Was spielen Sie denn eigentlich?" „Oboe natürlich! Was sonst?!" Ich verstand die Welt nicht mehr. Doch das Gesicht des Mannes in der Tür hellte sich schlagartig auf. „Ach, jetzt verstehe ich: Sie wollen zu meinem Bruder!" Er drehte sich um und rief ins Haus: „Ingo! Da ist ein Student, der Dich sehen will!" Plötzlich standen zwei Männer nebeneinander im Türrahmen, die sich sehr ähnlich sahen: Die Brüder Goritzki. Johannes, Ingos Bruder, hatte geöffnet. Auch er war Musiker, ein hervorragender Cellist und Dirigent, und hatte sich an keine Terminvereinbarung seinerseits erinnern können. Was für eine Erleichterung! Ich wurde von beiden nun freundlich hereingebeten, nachdem ich meine schmutzigen Stiefel vor der Tür ausgezogen hatte.

Das Vorspiel verlief sehr gut. Waffen putzen musste ich bei meiner Rückkehr ins Lager übrigens nicht. Mein „Ausflug" blieb bei meinen militärischen Vorgesetzten tatsächlich unbemerkt. Da ich fast die ganze Nacht unterwegs war, musste ich allerdings den folgenden Tag ohne Schlaf auskommen. Noch ganz beschwingt von dem erfolgreichen Vorspiel in Rottweil fiel mir das aber überhaupt nicht schwer.

Auch bis ich zu Heinz Holliger in Freiburg vordringen konnte, dauerte es eine ganz schöne Weile. Fünf Stunden lang musste ich in einer kleinen dunklen Zelle der Musikhochschule, in der sich Musiker einspielen konnten, auf den damaligen Oboen-Gott warten. Ich übte mich Stunde um Stunde dort ein. Ich hatte mir ein schwieriges Programm vorgenommen und wollte dem Spiel so wenig wie möglich Widerstand geben. Holliger war für sein extrem helles obertonreiches Spiel, das man wie das Geräusch einer Schalmei beschreiben könnte, bekannt. Um ihm zu gefallen, wollte ich diese Spielweise imitieren.

Als ich endlich aus dem Kabuff entlassen wurde und vor ihm spielen durfte, kritisierte er: „Der Ton ist vielleicht ein bisschen metallisch, Ihr Spiel hat doch ein bisschen einen metallischen Ton." Untertänigst versuchte ich mich zu rechtfertigen: „Das stimmt. Aber in den fünf Stunden des Einspielens habe ich versucht, Ihrem hellen Ton möglichst nahe zu kommen." In seinem schweizerdeutschen Akzent konterte der von mir überaus verehrte Künstler: „Ja, hell ist mein Ton schon. Aber hell ist auch die Sonne." Ich wusste fortan, auf welcher Stufe er sich sah.

Vollkommen anders verlief das Vorspiel in München bei Günther Passin. Ihn verehrte ich schon seit meiner Kindheit. Meine erste LP mit Oboenmusik, die ich mit zehn Jahren geschenkt bekam, war eine seiner Aufnahmen mit dem Titel: „Die Oboe meisterhaft gespielt". Ich habe sie rauf und runter gehört und sogar selbst mitgespielt.

Auch zu ihm ging ich also mit großem Respekt. Doch in seiner Warmherzigkeit nahm er mir sofort jegliche Nervosität. Er war alles andere als überheblich oder prätentiös. Ich war von seiner Menschlichkeit sehr gerührt. Das Vorspiel verlief dementsprechend gut.

Nach meinen Vorspielen hätte ich bei jedem der drei Lehrer, die in der näheren Auswahl waren, mit dem Studium an ihrer jeweiligen Hochschule beginnen können. Qualitativ standen sich die Oboen-Klassen von Holliger, Passin und Goritzki in nichts nach. Es ging nun nur darum zu entscheiden, wer am besten zu mir passen würde, oder zu wem ich am besten passen würde. Ich war unentschieden und fragte den von mir überaus geschätzten damaligen Konzertmeister aus Bamberg, Walter Forchert, um Rat. Er meinte, Goritzki und ich würden wohl am besten zueinanderpassen. Da er mich gut kannte, vertraute ich ihm und ließ ihn mein Weichensteller bei dieser Entscheidung sein.

Ich sagte also bei Heinz Holliger ab. Auch nach München schickte ich einen handgeschriebenen Brief, in dem ich Günther Passin meine Entscheidung mitteilte. Als ich ihn viele Jahre später einmal durch Zufall wieder traf, wirkte er sehr distanziert. Das wunderte mich, hatte ich ihn doch als einen sehr herzlichen Menschen in Erinnerung. Ich sprach ihn auf meine damalige Absage an, woraufhin er mich mit großen Augen anschaute. Einen Brief habe er damals nie erhalten. So kam heraus, dass er dachte, ich hätte mich nach dem Vorspiel nie wieder bei ihm gemeldet, was er selbstverständlich nicht schätzte. Wie gut, dass ich dieses Missverständnis endlich auflösen konnte! Nach dieser Begegnung entwickelte sich zwischen uns eine sehr herzliche und innige Freundschaft. Er kam sogar häufig zu meinen Konzerten, was mich sehr ehrte.

Voller Enthusiasmus zog ich nach Hannover. Obwohl die Zeit dort am Anfang nicht unbedingt ein Zuckerschlecken war, bin ich heute davon überzeugt, die richtige Wahl getroffen zu haben. Sowohl menschlich als auch fachlich hat mir Ingo – den ich viele Jahre später, als ich meine erste Stelle in Bamberg angenommen hatte, duzen durfte und mit dem ich heute befreundet bin – entscheidende Anstöße in die richtige Richtung gegeben. So hat er immer dafür gesorgt, dass ich an bedeutenden Wettbewerben teilnahm, die mich weiterbrachten.

Er hat mich auch zu einem Probespiel für die Förderung durch die Studienstiftung des Deutschen Volkes geschickt. „Fahren Sie da mal hin!" Er gab mir zwar nie das Gefühl, dass ich etwas Besonderes sei und mit Sicherheit als Gewinner eines Preises zurückkommen würde, aber zugetraut hat er es mir dennoch. Ingo war trotz seiner liebenswürdigen, äußerst umgänglichen Art ein strenger Lehrer. Genau das, was ich damals gebraucht habe.

Auch Margit-Anna Süß hat mich und meine frühe Karriere durch sanften Druck gelenkt. Hätte ich sie nicht getroffen, wäre ich zwar sicherlich Musiker geworden, wäre aber vielleicht nie zu den Berliner Philharmonikern gekommen. Nicht nur als ehemalige Lebensgefährtin war sie in meinem Leben ausschlaggebend. Sie ist etwas älter als ich und hat mich damals fürsorglich unter ihre Fittiche genommen. Margit-Anna war um einiges reifer als ich. Sie selbst war schon lange eine erfolgreiche Solistin und ständige Aushilfe bei den Bamberger Symphonikern. So reifte ich in den Jahren, in denen ich mit ihr in Hannover zusammenlebte, zum Mann heran.

Sie hat mich stets wohlwollend auf vielen Ebenen in meiner Entwicklung unterstützt. Sowohl menschlich als auch musikalisch war sie in dieser Zeit ein absolutes Vorbild für mich. Insofern hat sie mich sehr geprägt. Aber auch, was meine Karriere angeht, könnte ihre Rolle in diesen Jahren nicht bedeutender gewesen sein. Denn sie und ihr späterer Mann, meine lieber Kollege Hans-Jörg Schellenberger, haben mich schicksalhaft nach Berlin gelenkt, als er mich zum Vorspiel bei den Berliner Philharmonikern motivierte.

Eine wahre Offenbarung war für mich jedoch die Begegnung mit einem anderen Oboen-Guru zu dieser Zeit. Der Franzose Maurice Bourgue war Heinz Holligers musikalischer Partner. Sie ergänzten sich auf der Bühne ganz wunderbar. Ich lernte Maurice während meines Studiums bei einer master class in Hannover kennen und war fortan Jünger seiner Kunst. Schon das erste Mal, als ich neben ihm stehen und spielen durfte, hatte es sofort „klick" gemacht. Maurice war extrem energetisch und charismatisch. Seine Art zu unterrichten hat nicht nur mich nachhaltig geprägt. Er hat es geschafft, den französischen Stil, Oboe zu spielen, auf der ganzen Welt zu verbreiten.

Während Holliger eher schlank und transparent spielte und lehrte, gab Bourgue dem Klang der Oboe bedeutend mehr Körper, mehr Präsenz, mehr Dynamik. Mehr Sound, könnte man heutzutage vielleicht auch salopp sagen. Die Oboe sollte für ihn wie eine gut ausgebildete begabte Sängerin klingen: kontrolliert, aber voller Energie. Seine Technik wurde von mir und von vielen meiner Kollegen als Quantensprung im Umgang mit der Oboe empfunden. Jeder, der bei ihm Unterricht hatte, schätzte sich überaus glücklich. Maurice Bourgue hat für uns alle sozusagen die Bedienungsanleitung für die Oboe umgeschrieben. Ich verneige mich noch heute für diese Weichenstellung!

Auch der von mir hochverehrte Tenor Peter Schreier wusste mich zu lenken. Ich hatte die große Ehre, mit dieser unerreichten Sänger-Ikone mehrfach zusammenzuarbeiten. Schreier hatte viele Talente, die ineinander übergriffen. So war er auch ein hervorragender Dirigent.

Bei den Proben für eine Aufnahme von Bach-Arien für das Plattenlabel Philips, bei dem ich mitwirkte, und die er dirigierte, hatte ich ihm spontan meinen Oboe-Part vorgesungen. Da hielt er inne und sagte verblüfft: „Sie sind ja Tenor! Sie müssen Gesang studieren!"

Tatsächlich hatte ich seit frühester Kindheit im Bamberger Domchor mitgesungen, damals im Sopran. Ich liebte es, Messen von Haydn oder Bach zu singen. Doch für einige Zeit war das Singen in den Hintergrund getreten. Peter Schreier holte dieses vergessene Talent wieder hervor. Und so nahm ich Gesangsunterricht.

Die Stimmbildung ist auch gleichzeitig in mein Spiel der Oboe geflossen. So hat Peter Schreier am Ende dafür gesorgt, dass ich dem Klang meiner Oboe noch einen wesentlichen Aspekt hinzufügen konnte, nämlich die Dimension des Singens.

Die Wichtigkeit von Weichenstellern, Schlüsselmenschen und Fügungen kann man nicht hoch genug bewerten, aber messen lässt sie sich nicht. Jeder und jede erfüllt zu seiner Zeit seine Aufgabe. Doch wenn ich eine musikalische Rangliste erstellen müsste, stünden die Dirigenten Claudio Abbado und Nikolaus Harnoncourt wohl mit ganz oben.

Höhenflüge mit Abbado

Claudio war mir sowohl menschlich als auch musikalisch sehr wohlgesonnen. Ich hatte das Gefühl, von ihm musikalisch adoptiert worden zu sein. Er legte großen Wert darauf, Menschen um sich zu scharen, bei denen das, was er zu sagen hatte, was er ausdrücken wollte, auf fruchtbaren Boden fiel. Für mich war er unzweifelhaft der wichtigste Dirigent in meinem Leben. Mit ihm durfte ich einmalige unwiederbringliche Höhenflüge in der Musik erleben, die ich wie einen Schatz in meinem Herzen trage.

Meine Beziehung zu Claudio war zeitweise so eng, dass er über mein persönliches Leben mehr wusste als enge Freunde von mir. Als er eines Tages mitbekam, dass ich mich von meiner damaligen Verlobten getrennt hatte, rief er mich mit einer ungewöhnlichen Bitte an: „Jetzt hast Du ja wieder viel Platz in Deiner Wohnung, nicht wahr?" begann er. Ich fragte mich, worauf er hinauswollte. „Nun ja, ich kenne da eine junge Portugiesin, quasi eine Ziehtochter von mir, die eine Wohnung sucht. Sie ist ganz reizend und kann auch noch gut kochen!"

Diese Wohnungsvermittlung stellte sich sehr bald als viel mehr heraus. Denn nicht nur zog Claudios Bekannte bei mir ein, sie wurde auch im fliegenden Wechsel meine nächste Partnerin. Gewöhnungsbedürftig war hingegen die zweite neue Mitbewohnerin, die zauberhafte englische Bulldogge Matilda. Ich bin Claudio allein deswegen schon für seinen Einsatz dankbar, weil ich mich dadurch von meiner Hundephobie erholen konnte. Als Kind war ich nämlich beim Milchholen auf einem Bauernhof von einem außer Kontrolle geratenen Schäferhund gebissen worden. Matilda hat mich von meinem Trauma geheilt.

Nikolaus Harnoncourt war in jeder Hinsicht der absolute Antipode zu Abbado. Unterschiedlicher können zwei Menschen nicht sein. Abbado war der Dirigent des Singens, Harnoncourt der des Sprechens. Beide verehre ich zutiefst.

Als Harnoncourt bereits im reifen Alter zu den Berliner Philharmonikern kommen durfte, war es für uns alle wie ein Schock. Seine Thesen waren teilweise grotesk, denn er stellte alle althergebrachten musikalischen Prinzipien auf den Kopf. In den ersten

Jahren führte ich deshalb immer wieder einen sehr streitbaren Diskurs mit ihm.

Zum Beispiel war ihm der reine Schönklang, für den die Berliner Philharmoniker über lange Zeit hinweg, geprägt vor allem durch Herbert von Karajan, in der Welt bekannt waren, nicht genug. Er wollte bei Bläsern und Streichern Klangfarben evozieren, die mir und dem Orchester zuwider waren und die man uns eigentlich zugunsten des Wohlklangs abtrainiert hatte.

Ich war erst kurze Zeit Mitglied der Philharmoniker, als er von mir verlangte, wie eine Kindertrompete zu spielen. Es widerstrebte mir so sehr, dass ich mich seinem Wunsch am liebsten widersetzt hätte. Ein anderes Mal sagte er zu mir: „Herr Mayer, das klingt viel zu schön! Spielen sie diese Stelle, als wenn man einer Katze auf den Schwanz treten würde." Für mich klang es damals einfach „hell und hässlich". Aber Harnoncourt wollte eben nicht, dass das Orchester nur singt, er wollte, dass es spricht. Sein Ziel war es, das Klangspektrum des Orchesters bis ans Äußerstes auszudehnen. Er dozierte die „Musik als Klangrede" und wusste von Musik mehr als wir alle zusammen.

Und so sprach er bei den Proben meist wie ein Lehrer zu seinen Schülern. Wieder einmal von ihm an meine Grenzen gebracht, sagte ich laut: „Oh, das fällt mir aber schwer, das so zu spielen!" Auf solche wiederholten Provokationen in den ersten Jahren hat er immer erklärend, ruhig, wohlmeinend reagiert. Er hat nie die Contenance verloren. Mit einem Lächeln im Gesicht insistierte er: „Das schaffen Sie schon, Herr Mayer!"

Obgleich er in seinen Bewegungen als Dirigent wirklich unbegabt war, konterte er verbal mit einer großen Souveränität und parierte mit einem immensen Wissen. Wie aus einem Zauberhut zog er dann plötzlich ein Argument, das allen Widerspruch entkräftete.

Damit schaffte er es immer wieder, meine Meinung komplett auf den Kopf zu stellen.

Das gefiel mir mit der Zeit sehr, denn auch ich war zeitlebens ja ein Revoluzzer. Ich fühlte mich schon immer gezwungen, gegebene Thesen zu hinterfragen. Diese Eigenschaft hat mich sehr mit Harnoncourt verbunden. Er hat nicht nur die musikalische Welt der vergangenen 60 Jahre am meisten von allen Dirigenten verändert, sondern auch mich und meine musikalische Welt grundlegend beeinflusst. Es hat jedoch einige Jahre gedauert, bis ich seine Klangwelt anfing zu verstehen.

𝄞

Nicht immer trifft man seine Weichensteller persönlich. Aber manche Menschen können durch ihre Leuchtkraft selbst über Jahrhunderte hinweg Menschen noch lenken. Das trifft im Religiösen zu, aber auch im Musikalischen.

Seit meiner frühesten Kindheit hat mich Johann Sebastian Bach musikalisch am meisten beeinflusst. In seine Musik habe ich mich in den verzweifeltsten Momenten geflüchtet, und mit ihr habe ich die erhebendsten und schönsten musikalischen Stunden meines Lebens verbracht. Bach hat mir musikalisch einfach alles gegeben, was ich brauchte. Und das tut er noch heute.

Bach bedeutet mir alles. Seine Musik ist auch der Schlüssel zu meiner Spiritualität. Es könnte also keinen wichtigeren Weichensteller für mich geben. Durch ihn ahne ich etwas von dem Göttlichen. Durch ihn erfahre ich eine Transzendenz, die mir ansonsten meist verwehrt bleibt. Ob in einer Kirche oder in einem Konzertsaal – der Ort ist unwichtig –, für mich spricht Gott durch Bach. Ohne Bach wäre ich nicht der Musiker mit aller Tiefe und

Differenziertheit und Durchlässigkeit, der ich heute bin. Ohne Bach könnte ich wahrscheinlich schlichtweg keine Musik machen.

Ich bin allen Weichenstellern meines Lebens, und es waren ja noch so viel mehr, unendlich dankbar. Was wäre ich ohne sie geworden? Die schicksalhafte Fügung hat mir all diese wunderbaren Menschen geschenkt, die mich zu dem gemacht haben, der ich bin.

4

Unter Druck– verrückt oder nur anders?

Oboe zu spielen sieht nicht sehr schön aus. Das höre ich immer wieder von meinen Zuhörern. Das Gesicht läuft rot an, die Backen dehnen sich rhythmisch, der Mund ist zugespitzt. Regelmäßig werde ich nach Konzerten von mitfühlenden Zuhörerinnen darauf angesprochen, ob ich denn während des Spielens Schmerzen habe. „Was passiert denn mit Ihrem Gehirn? Es ist doch ständig einem enormen Druck ausgesetzt! Ist das nicht sehr anstrengend?“, fragen sie besorgt.

Tatsächlich geht das Gerücht um, Oboisten würden genau wegen des ständig hohen Drucks im Körper langsam verrückt werden – und schon gar nicht alt. Gerade Oboisten müssen ähnlich stark in ihr Instrument blasen wie zum Beispiel Trompeter. Nur spielen sie viel längere Passagen, was mehr Sauerstoff benötigt und noch viel anstrengender ist.

Die Oboe als Gesundheitsrisiko

Ich will nicht ausschließen, dass auch das Spielen meines Instruments, wie alles im Leben, Risiken bergen kann. Für die Gesundheit kann der ständige Druck im Kopf wahrscheinlich dauerhaft nicht wirklich förderlich sein. Manche Ärzte vermuten einen Zusammenhang zwischen dem Überdruck auf Gehirn und Lunge durch das Spielen und der Entwicklung eines Lungenemphysems. Auch seien Musiker deswegen auf der Bühne schon mit Schlaganfällen zusammengebrochen. Und 2013 erlitt William Bennett, der 56-jährige Solo-Oboist des San Francisco Symphony Orchestra (der damals so alt war, wie ich es jetzt bin), während er das Oboen-Konzert von Richard Strauss spielte, eine Gehirnblutung, der er wenige Tage später erlag. Bewiesen ist allerdings nicht, dass es die Folge eines Überdrucks auf das Gehirn war.

Meines Wissens nach wurden bei Oboisten als allgemein anerkannte Berufskrankheit noch keine größeren oder bleibenden Schäden medizinisch nachgewiesen. Aber wer weiß: Manchmal frage ich mich schon, ob mein jahrzehntelanges intensives Oboe-Spielen spurlos an meiner Gesundheit vorbeigeht. Ich habe ja eine Familie und trage Verantwortung. Was wäre, wenn ich verrückt werden würde? Bin ich es vielleicht gar schon? Wie gut, dass ich es selbst nicht merken würde, wenn es so wäre.

Nein, keine Sorge, ich habe sicher noch alle Tassen im Schrank. Naja, vielleicht nicht alle, aber die allermeisten. Doch mich zu mäßigen beim Oboe-Spielen, was mir auch schon von meiner liebenden Mutter als guter Rat ans Herz gelegt wurde, kann ich nicht. Nichts ist ohne Risiko. Wenn ich jeder Gefahr aus dem Weg gehen wollte, müsste ich zu Hause bleiben. Und selbst da ist man nicht ganz sicher.

Ich bin ein typischer Mann. Das bedeutet, wenn es um Risiken und Schwierigkeiten geht, drehe ich mich gerne auf die andere Seite und sehe weg. Wenn es kein akutes Problem gibt, braucht es auch noch keine Lösung: „I'll cross the bridge when I come to it." Und egal, was passiert: Es hat sich sowieso jeder einzelne Ton, den ich je gespielt habe, für mich gelohnt.

Aber so dramatisch ist es meiner Meinung nach ja gar nicht. Die echten Schwierigkeiten des Oboe-Spielens habe ich mithilfe einer ganz speziellen Atemtechnik, der sogenannten Zirkuläratmung, sehr gut in den Griff bekommen. In meiner Kindheit wurde sie nur von einer Handvoll Oboisten angewendet. Seit einiger Zeit jedoch hat sich diese Technik, die auch „permanente Atmung" genannt wird, bei vielen meiner Kollegen eingebürgert.

Aber noch immer spielen längst nicht alle mit dieser Technik. Sie verlangt neben einer gewissen physischen Begabung vor allem sehr viel Übung. Erst dann ist man in der Lage, sie wie selbstverständlich anzuwenden. Man kann die technische Seite der zirkulären Atmung zwar sehr schnell lernen, aber man braucht Jahrzehnte, um sie wirklich zu perfektionieren. Ohne diese Atemtechnik erleben Oboisten normalerweise eine ständige Sauerstoffschuld.

Alle Muskeln brauchen eine hohe Sättigung an Sauerstoff im Blut, damit sie funktionieren und dem Körper wirklich helfen können, den nötigen Druck für das Oboe-Spielen aufzubauen. Deshalb ist die Zirkuläratmung von allergrößter Bedeutung, denn sie bietet dem Oboisten die Möglichkeit, das sehr anstrengende Blasen deutlich zu erleichtern. Wir Oboisten müssen vermeiden, dass unser Körper dauerhaft überanstrengt wird. Dafür ist noch viel wichtiger als die konstante Sauerstoffzufuhr während des Spielens, das Kohlendioxid, also die verbrauchte Luft, loszuwerden. Denn durch das kleine Mundstück, das einem etwa sieben Zentimeter langen flach gepressten Strohhalm gleichkommt, entweicht die verbrauchte Luft nicht schnell genug. So kommt es zu einem Rückstau an Kohlendioxid im Körper, der innerhalb kurzer Zeit ermattet und erschöpft ist. Wenn man nun professionell zirkulär atmet, ist es quasi so, als würde man während des Oboe-Spielens regelmäßig ein- und ausatmen.

Mit dieser ausgefeilten Technik kann ich selbst in einem Alter, wo sich die meisten meiner Oboisten-Kollegen langsam auf das Altenteil vorbereiten, noch immer ohne Probleme bis zu drei lange Oboen-Konzerte hintereinander spielen. Wohl gemerkt, ohne Gefahr zu laufen, hinterher in einem Sauerstoffzelt zu landen.

Ich bin unter meinen Kollegen, das darf ich in aller Bescheidenheit sagen, sicher einer derjenigen, der diese Technik am konsequentesten einsetzt und der sie auch wirklich perfektioniert hat. Ich habe sie schon im Alter von 14 Jahren bei einem Kammermusik-Kurs im nordfränkischen Hof bei einem Cellisten abgeschaut, der vor sich hin pfiff und dabei zirkulär atmete. Seither habe ich kontinuierlich an dieser Technik gearbeitet. Ich gebe gerne zu, dass dies sogar zu einer Art Obsession von mir geworden ist. Mittlerweile kann ich mir nicht mehr vorstellen, die Oboe je auf eine andere Weise zu spielen.

Allerdings ist die Zirkuläratmung alles andere als neu: In Australien wenden die Aborigines sie beim Spielen ihrer wundervollen Didgeridoos seit Jahrtausenden an. Und auch auf antiken Vasen und Fresken sind häufig Musiker von Rohrblattinstrumenten mit aufgeblasenen Wangen abgebildet, was auf die Anwendung derselben Technik schließen lässt.

In Athen waren das die Spieler des sogenannten Doppel-Aulos und im antiken Rom die der Tibia. In der Türkei wird das traditionelle volkstümliche Blasinstrument Zurna ebenfalls mit dieser Technik gespielt. Die Zurna wird dort häufig bei Hochzeiten und anderen Familienfesten als Zeichen der Lebensfreude geblasen.

Berufs-Oboist zu sein ist anstrengend. Körperlich anstrengend. Wir sind Hochleistungssportlern in mancher Hinsicht sehr ähnlich. Wir haben keinen „9-to-5“-Job. Und jeder abendliche Auftritt ist eine Höchstleistung. Nur hören wir nicht wie viele der Sportler mit 35 Jahren auf dem Höhepunkt unserer Karriere auf. Nein, wir spielen im Normalfall bis wir quasi tot umfallen – oder zumindest bis wir 67 Jahre alt sind und in Rente gehen. Doch nach Jahrzehnten eines intensiven Oboisten-Lebens werden die meistern meiner Kollegen körperlich schwächer und treten zumindest in die zweite, weniger anstrengende, Reihe zurück.

Tatsächlich gibt es doch auch einige Kollegen, die unseren Beruf nicht bis zum Eintritt ins Rentenalter ausüben können. Es braucht aber nicht immer so lange zu dauern: Viele sind auch nach kurzer Zeit im Musik-Business schon ausgepowert oder ausgebrannt. Denn eigentlich sollte man sich als Berufsmusiker nie ausruhen. Man darf es sich nicht erlauben, in der Qualität nachzulassen. Also gilt es, ein Leben lang täglich zu üben, und das neben all den Proben und Auftritten.

Es gehört viel Durchhaltevermögen dazu, ein Musikerleben lange Jahre auszuhalten. Wer das nicht hat, bleibt auf der Strecke. Der Ehrgeiz und der Perfektionismus, der die meisten von uns Profimusiker begleitet, kann regelrecht krank machen. Ich kenne auch nicht wenige Kollegen, die wegen einer fokalen Dystonie quasi gezwungen sind aufzuhören. Diese unter Oboisten verbreitete neurologische Krankheit äußert sich in nicht beeinflussbaren und oft langanhaltenden Muskelkontraktionen. Die Betroffenen können also ihre Finger nicht mehr kontrollieren.

Nicht nur die Proben und Auftritte zehren über die Jahre an den Kräften von Musikern. Sehr viele bekannte Orchester sind in nicht-pandemischen Zeiten häufig auf Konzertreisen. Aber auch wir Solisten touren quasi die ganze Zeit um den Globus und müssen dabei nicht nur die jeweilige Zeitumstellung in Kauf nehmen, sondern auch die unterschiedlichsten klimatischen Gegebenheiten. Der Körper muss sich ständig anpassen. Und wir müssen dennoch versuchen, ohne Abstriche unsere beste Leistung zu erbringen. Das ist beileibe nicht immer einfach.

Um diesen Stress zu kompensieren, trinken viele Musiker täglich Alkohol. Ich habe schon viele Kollegen, auch aus anderen Orchestern weltweit, beobachtet, wie sie wegen ihres ständigen Alkoholkonsums auf der Strecke geblieben sind. Allerdings gehört für uns Musiker das Feiern auch zu unserem Leben. Die hohe Anspannung während der Aufführung auf der Bühne fällt nach Ende des Konzertes von uns ab. Es wird hinter der Bühne häufig angestoßen. Die Premierenfeiern sind ebenfalls ein fester Bestandteil einer jeden neuen Saison. Wie immer kommt es darauf an, das richtige Maß zu finden. Nicht nur für Künstler.

Fitnesstraining im Treppenhaus

Wer nicht als Musiker-Wrack untergehen, sondern den Herausforderungen standhalten will, muss sich nicht nur musikalisch, sondern vor allem körperlich fit halten. Für mich ist das ein großer Ansporn, denn das trifft vor allem für Oboisten zu: Je gesünder und fitter, umso besser. Finger, Lippen, Kopf, Lungen, Muskeln – ein Oboist braucht seinen ganzen Körper, um gut spielen zu können. Ich höre also in meinen Körper hinein, um zu verstehen, was er benötigt. Je älter ich werde, umso mehr muss ich auf mich achten, darauf, dass es mir in jeder Hinsicht gut geht. Auch mein Metabolismus wird mit zunehmendem Alter langsamer, also sind nicht nur regelmäßige Mahlzeiten, sondern auch eine gesunde Ernährung für mich wichtig. Um es auf den Punkt zu bringen: Ich vermeide es, Fett anzusetzen. Dazu gehört auch, dass ich versuche, regelmäßig Sport zu treiben. Wenn ich nicht auf Reisen bin, fahre ich gerne stundenlang mit meinem Rad durch Berlin. Aber auf Tournee bleibt mir nichts anderes übrig, als andere Möglichkeiten zu finden. Doch zum Beispiel mitten in Rio de Janeiro nachts joggen zu gehen, ist wohl weniger ratsam. Und wenn das Fitnessstudio im Hotel schon zu hat oder noch nicht auf, muss man sich andere Wege suchen, sich körperlich zu betätigen.

Sich unterwegs fit zu halten, ist gar nicht so einfach. Also habe ich mir angewöhnt, in den Treppenhäusern der Hotels, in denen ich untergebracht bin, zu trainieren. Ich tripple dann so oft hoch und runter, bis mein Herz genug hat und ich mich mehr als ausgepumpt fühle. Das ist meine eigene spezielle Trainingstechnik. Es wundert mich schon nicht mehr, wenn ich wiederholt auf meinen Konzerttourneen Besuch von Abgesandten der Hotel-Security bekomme. Alarmiert von anderen Hotelgästen, es sei womöglich ein Verrückter im Hotel unterwegs, stellen sie mich zur Rede. Kein Wunder! Wer – außer mir – will schon in den 94. Stock des Park Hyatt in Shanghai zu Fuß gehen?!

Bei allen guten Absichten bin ich alles andere als ein verbissener Gesundheitspapst, der sich nichts gönnen würde. Ganz im Gegenteil: Ich bin ein Genießer. Auch das gehört zum Wohlbefinden: sich jeden Tag etwas Schönes und Gutes zu gönnen. Sich eine Auszeit zu nehmen, einmal gar nichts zu tun, sich bei einem schönen Film zu entspannen oder ein exzellentes Glas Wein zu trinken. Sich auf etwas Schönes zu freuen, gibt Lebensfreude. Da geht es mir nicht anders als anderen Menschen: Was ist das dann für ein Motivationsschub!

Wie schon erwähnt, bin ich andererseits auch das beste Beispiel für einen typischen Mann. Ich schaffe, woran schon viele Philosophen gescheitert sind: Tatsächlich sitze ich manches Mal in einem bequemen Sessel und denke einfach an gar nichts. Und das am besten ganz alleine. Das bedeutet für mich die beste Erholung.

Natürlich brauche ich die Menschen, die mir Nähe, Liebe, Aufmerksamkeit, Bewunderung und ihr Wohlwollen entgegenbringen. Allerdings sind wir Musiker von klein auf daran gewöhnt und sogar darauf trainiert, Egozentriker zu sein. Das bedeutet nichts anderes, als der Mittelpunkt unserer eigenen Welt zu sein. Wir sind es gewohnt, uns darüber sogar zu definieren. Immerhin arbeiten wir seit unserer Kindheit schon ganz alleine mit und an uns.

Alleine zu sein, die Ruhe zu genießen, schenkt mir die nötige Kraft, um die nächsten Herausforderungen bewältigen zu können. Es ist ein Geben und Nehmen. Wir Musiker brauchen ja nicht nur die Anerkennung von außen, um unser Ego aufzupolieren. Wir verströmen unser Herz in die Welt und schenken den Menschen mit unserer Musik auch unsere Energie. Aber jeder von uns muss seinen Weg finden, diese Energie wieder aufzutanken.

5

Abstürze aus dem Olymp

Wie im Taumel erlebe ich manchmal die vielen unvergesslichen Auftritte sowohl mit den Berliner Philharmonikern als auch auf Reisen als Solist mit anderen internationalen Orchestern und Ensembles. Ich sonne mich natürlich gerne in meinen musikalischen Erfolgen und versuche, meine Leistung immer mehr zu steigern. Dafür gebe ich mein Bestes und fordere jedes Mal Höchstleistung von mir selbst. Doch wenn ein Höhenflug mich wieder einmal mitzureißen droht und ich die Bodenhaftung verlieren könnte, stoppt mich die Erinnerung an all die Zeiten, in denen ich mich in meiner Freiheit massiv eingeschränkt fühlte. Manchmal fühlte ich mich so drangsaliert, dass ich es kaum aushalten konnte. Daran zu denken, mahnt mich, dass es jederzeit wieder anders kommen könnte, dass man sich nie zu sicher sein darf. Ich führe mir dann vor Augen, dass ich in Demut und mit Bescheidenheit im schlimmsten Fall weniger tief abstürzen würde, dass ich Durststrecken einkalkulieren sollte.

Durststrecken inklusive

Als junger Mann glaubte ich, dass mir die Welt offen stünde, mich nichts mehr halten könne, dass ich nun noch mehr als zuvor – nein: ganz und gar – in die Welt der Musik eintauchen dürfe.

Doch ich erfuhr gleich nach dem Abitur bereits einen der größten Dämpfer meines Lebens: Die Bundeswehr schob meinen Ambitionen erst einmal einen Riegel vor. Die unumgängliche Gewissheit deprimierte mich zutiefst: Mein heiß ersehntes Musikstudium musste nämlich mindestens 15 lange Monate warten.

Und wie fremd war mir die Welt des Militärs! Es war mir eigentlich schon davor klar, dass stramm zu stehen nichts für mich war, weder körperlich, noch für meinen freigeistigen Kopf und mein revolutionäres Herz. Aber ich hatte keine Wahl: Zu verweigern oder mich als untauglich diagnostizieren zu lassen, wäre aufgrund meines reaktionären Familienhintergrundes undenkbar gewesen. Ich musste da nun durch, komme, was wolle. So fühlte es sich an. Alternativlos.

Im militärischen Zwangskokon bäumte ich mich immer wieder auf. Schon während der Grundausbildung als Soldat fiel ich ständig auf. Meine Ausbilder fanden mich aufmüpfig. Unzählige Male musste ich zur Strafe für meine unerwünschten Kommentare gegenüber Vorgesetzten stundenlang Waffen putzen oder Wochenenddienst schieben.

Den Befehlen fragwürdiger Autoritäten zu folgen, fiel mir extrem schwer. Und das ist bis heute leider so geblieben. Ich wollte mich schlichtweg keiner Instanz beugen, die allein aufgrund ihres Dienstgrades Macht über mich hatte.

Doch ich hatte Glück. Während meiner dreimonatigen Grundausbildung im Sanitätsbataillon war ich von einem Tag auf den anderen total eingeschränkt. Ich konnte nicht weiterhin Oboe üben, wann und wo ich wollte. Doch Gott sei Dank kam ich für die restlichen 12 Monate zum Heeresmusikkorps 4 nach Regensburg. Dort war es anders: Ich konnte – und musste sogar – weiterhin regelmäßig Musik machen. Und so konnte ich auch vermeiden, den ständigen Dienst an der Waffe zu verrichten, was mir ein Gräuel gewesen wäre.

Aber allein die Freiheit zu verlieren, selbst darüber zu entscheiden, wo man sich wann aufhalten möchte, war schrecklich für mich. Ich fühlte mich in der Kaserne wie im Gefängnis. Und so war es ja eigentlich auch. Ich fühlte mich, kaum war ich volljährig geworden, gleich wieder entmündigt.

Aber auch im Musikkorps musste ich mich in den Alltag und in die Abläufe des Kasernenlebens einfügen. Und vor allem konnte ich mir nicht aussuchen, was ich spielen wollte. Sowohl im Blas- als auch im Streichorchester stand natürlich hauptsächlich Marschmusik auf dem Plan. Außerdem musste ich neben der Oboe auch die Lyra spielen. Das große Glockenspiel vor der marschierenden Kompanie her zu tragen und zu spielen, gehörte nicht gerade zu meinen Leidenschaften. Im Gegenteil: es langweilte mich. Ich war froh, dass ein sehr netter Kamerad von mir, ebenfalls ein junger Oboist, sich erbarmte und diese Aufgabe in den allermeisten Fällen freiwillig übernahm. Er bemühte sich regelrecht darum, alle Märsche auf dem Glockenspiel auswendig und einwandfrei spielen zu können. Doch auch hier konnte ich mich nicht lange drücken.

Eines Tages bestellte mich unser Major, ein freundlicher und vernünftiger Mann, ein: „Gefreiter Mayer, ich habe Sie lange geschont. Aber Ihr Kamerad muss auch mal frei haben. Jetzt sind Sie an der Reihe!“ Diesem Befehl konnte ich mich nicht entziehen.

Also musste ich fortan 15 Märsche auf der Lyra auswendig spielen lernen. Dafür hatte ich allerdings nur zwei Tage lang Zeit. Wie so oft fand ich eine Möglichkeit, das Unangenehme abzukürzen. Mit ein paar Tricks und Tipps von Kameraden aus meinem

Korps konnte ich den Aufwand minimieren: Ich lernte einzig die Harmonien und Tonarten der einzelnen Märsche. Ich merkte mir zudem, dass es wichtig ist, am Ende jedes Stückes eine Note in der richtigen Harmonie zu spielen, die dann lange über den ganzen Platz zum Beispiel nach dem Gelöbnis bei einer Vereidigungszeremonie nachklingt.

Nur wenige Momente bleiben mir aus meiner Bundeswehrzeit als positiv in Erinnerung. Kurz vor dem Ende meiner Zeit als Soldat musste ich als Unteroffizier vom Dienst an einem Wochenende im Hochsommer auf die fast leere Kaserne aufpassen. Mit nur einem über der Brust zusammengeknoteten kurzen Uniformhemd und in blauer Militär-Badehose, das Barrett salopp quer über dem Kopf, lehnte ich stundenlang am Kasernentor. Meine Pistole lag, ganz und gar nicht griffbereit, im Kabuff nebenan.

Bis auf ganz wenige waren alle meiner Kameraden und auch meine Vorgesetzten ausgeflogen. Es war so heiß, dass ich dringend eine Erfrischung brauchte. Es war sowieso kein richtiger Soldat in Sicht. Und auch weit und breit keine übergeordnete Instanz. Also entschied ich mich, es etwas schleifen zu lassen. Meine in der Kaserne verbliebenen Kumpels und ich gönnten uns auf der Veranda in Sichtweite des Tores kurzerhand ein paar (geschmuggelte) Bierchen und genossen das freie Wochenende. Hätte uns irgendjemand erwischt oder verpfiffen, wäre es zu einem Riesenskandal gekommen. Man könnte mich wohl als untauglichsten Unteroffizier vom Dienst und Kasernenwächter bezeichnen, der jemals vor Ort war.

Schlupflöcher zu finden, gehört zu meinen Spezialitäten. Um nicht verrückt zu werden, musste ich gerade während meines Wehrdienstes Wege finden, damit ich frei für meine eigene Musik und meine individuelle innere Welt war. Auf den Toiletten Oboe zu üben war nur einer davon. Mich ab und an unerlaubt von der Truppe für kurze Zeit zu entfernen ein anderer.

Da mich mein vorgesetzter Major glücklicherweise sehr schätzte, bewilligte er mir aber auch hin und wieder Sonderurlaub, damit ich an zivilen Konzerten teilnehmen konnte. Das waren die herrlichsten Momente, wenn ich einmal für kurze Zeit aus dem Käfig entrinnen konnte.

Um wieder einmal eine solche Erlaubnis für ein Konzert in der Stadthalle Bayreuth zu ergattern, musste ich bei meinem Major vorstellig werden – offensichtlich komplett inadäquat gekleidet. Ich hatte wieder einmal nur die Musik im Kopf. Kaum stand ich vor ihm, schickte er mich auch schon wieder hinaus ins Vorzimmer: „Sagen Sie, haben Sie von der Kleiderordnung gar keine Ahnung? Wenn Sie zu mir kommen, ziehen Sie sich ein langärmeliges Hemd und Krawatte an! Verlassen Sie sofort den Raum, schließen Sie die Tür richtig und kommen Sie wieder, wenn Sie ordentlich angezogen sind!", ermahnte er mich streng.

Aber da der Major ebenfalls ein Musiker durch und durch war, verstand er mich natürlich und genehmigte mir den Freigang. So durfte ich das Vivaldi-Oboenkonzert, das ich wie so viele Stücke wieder einmal auf der Toilette einstudiert hatte, am darauffolgenden Wochenende geben.

Da ich damals kein Auto hatte, ging ich zu Fuß, im strammen Soldatenschritt, den Dreifaltigkeitsberg hinunter, durchquerte den Städtischen Friedhof, überquerte auf der Steinernen Brücke die Donau und passierte das Schloss St. Emmeram, bis ich endlich nach etwa 40 Minuten den Bahnhof erreicht hatte und damit die freie Welt. Im Zug war ich dann über alle Maßen glücklich. Auf dem Rückweg allerdings ereilte mich selbstverständlich das umgekehrte Schicksal. Auf den letzten Schritten bergauf machte ich mich darauf gefasst, mich wieder in Abhängigkeit zu begeben.

Oben angekommen, musste ich mich zusammenreißen, ich durfte nicht alles sagen, was ich wollte und ich war der Willkür meiner Vorgesetzten von Neuem ausgesetzt. Doch diese kurzen Ausflüge halfen mir dabei, diese schreckliche Zeit einigermaßen durchzuhalten.

Freiheit ist ein hohes Gut. Vielleicht für Künstler noch mehr als für viele andere Menschen. Ich weiß nicht, wie ich die Zeit bei der Bundeswehr tatsächlich aushalten konnte. Aber wenn ich heute daran denke, wie sehr ich damals unter dem Freiheitsentzug und der forcierten Unterwerfung gelitten habe, weiß ich meine heutige Freiheit und Selbstbestimmtheit umso mehr zu schätzen.

Nicht nur ich litt unter den Repressalien während des Wehrdienstes. Vielen anderen Musikern neben mir im Musikkorps ging es nicht anders. Umso wichtiger waren gute Kameraden. Eine große Freude war es, bei der Bundeswehr den Ausnahmeorganisten Stefan Kestler, den ich bereits aus Bamberg kannte, wieder zu treffen. Unsere Familien waren über Jahrzehnte befreundet. Wir hatten schon von klein auf viele Gemeinsamkeiten. Wir wuchsen beide im gut situierten Bürgertum auf, wo klassische Musik ganz selbstverständlich dazugehörte. Auch waren wir beide eine Art Provinz-Wunderkinder gewesen, ich an der Oboe, er an der Orgel. Nun trafen wir uns wieder in Uniform.

Während unserer gemeinsamen Zeit in Regensburg wurde Stefan mir zu einem sehr engen Freund. Auch das machte das Leben in der Kaserne erträglicher. Ich schätzte ihn sehr. Er ist einer der herausragendsten Musiker, die ich je in meinem Leben getroffen habe.

Schon im Grundwehrdienst waren wir ganz eng und machten Musik zusammen. Wir begleiteten zum Beispiel gemeinsam

Gottesdienste für Soldaten. Er konnte jedes Stück vom Blatt spielen und dazu ausführlich improvisieren. Stefan kannte musikalisch kein Limit.

Aber auch menschlich hatten wir viel gemeinsam. Stefan fiel es genauso schwer wie mir, sich unterzuordnen und sich einzugliedern. Wir waren die beiden schwarzen Schafe der Kompanie. Das verband uns. Doch im Gegensatz zu mir, der sich für eine bestimmte Zeit auch wiederum einem Chamäleon gleich in verschiedene soziale Umfelder einfügen kann, war Stefan schwerer sozialisierbar.

Leider war Stefan auch weniger leidensfähig als ich. Ich nehme an, dass der Militärdienst ihm letzten Endes das Genick gebrochen hat. Der Alkohol tat sein Übriges. Da wir die Stube teilten, habe ich es hautnah mitbekommen, wie er ihm Stück für Stück verfallen ist.

Ich erinnere mich an eine schreckliche Nacht, in der Stefan total betrunken war. In diesem fast komatösen Zustand musste er sich immer wieder übergeben. Damit er nicht im Schlaf an seinem Erbrochenen erstickte, musste ich ihn wachhalten. Die Sanitäter, die ich zuerst gerufen hatte, erkannten den Ernst der Lage nicht und wollten sich nicht auf unser Stockwerk bemühen. Also schleppte ich den bewegungslosen Körper in die Dusche, wo ich ihn die ganze Nacht lang abwechselnd kalt-warm duschte, bis er wieder aus dem Rausch zu sich fand.

Obwohl ich nicht geschlafen hatte, musste ich zum Morgenappell antreten. Stefan war natürlich nicht da. Ich dachte mir, dass er erst wieder ganz nüchtern werden müsse. Ich war selbst ganz benommen. Mir war klar, dass ich meinem Freund gerade das Leben gerettet hatte. Ich war erschüttert, ihn so erlebt zu haben. Doch die Ausweglosigkeit seiner Situation, der Grad seiner Sucht, wurde mir erst wirklich klar, als ich ihn nur wenige Minuten danach in der Kantine sitzen sah. Vor ihm eine Flasche Bier.

Nach dem Wehrdienst trennten sich unsere Wege wieder etwas. Doch trafen wir uns immer wieder in Bamberg oder München, wenn ich dort zu Besuch war. Er schien mir frustriert, dass er trotz seines übermäßigen Talents und seines erstklassigen Studiums nicht den Erfolg als Musiker hatte, den er sich wünschte und den er verdient gehabt hätte. Meine eigene Karriere war zu diesem Zeitpunkt schon voll in Schwung. Doch als ich ihm vorschlug, mit mir gemeinsam ein Konzert in Bamberg zu spielen, um seine Karriere zu fördern, lehnte er ab. Er war zu stolz, um mich als Steigbügelhalter zu benutzen.

Nur kurze Zeit später erfuhr ich von seinem leider viel zu frühen Tod. Viele der musikalischen Helden meiner Kinder- und Jugendzeit sind zu jung von uns gegangen. Unfall, Krankheit, Selbstmord: Man könnte meinen, es läge auch daran, dass manche Musiker so intensiv arbeiten und so exzessiv leben, dass sie wie eine Kerze sind, die von beiden Seiten brennt, und so ihre Lebensenergie zu schnell verbrauchen.

Die Bundeswehr mit all ihren Facetten war eine bis dato ungekannte Herausforderung gewesen. Aber auch als Student erfuhr ich in meinem ersten Jahr nicht die ersehnte Glückseligkeit und Freiheit. Ganz im Gegenteil: Hannover war wie ein Schock für mich. In Bamberg schon jung gefeiert und in Bayern als Musiker zumindest bekannt, war ich in meiner Oboe-Klasse plötzlich zurückgestuft auf den Status „einer von vielen". Was für ein Knick für das Ego! So viele herausragende Musiker in einem Raum, ich konnte es nicht fassen. Und ich war nicht einmal das Alphatier, sondern in der Rangordnung erst einmal weit hinten. Ich fing wieder an, an meinem Selbstwert zu zweifeln. In einer Klasse voller angehender Meisterschüler, gehört einiges dazu, zu brillieren oder gar herauszustechen. Das wurde mir innerhalb kürzester Zeit bewusst.

Hochmut fehl am Platz

Ich fühlte mich ja schon lange als etablierter Musiker, schließlich hatte ich in Bayern bereits viele Konzerte gegeben. Mit dieser Überheblichkeit im Rücken meinte ich, mir die Übungen, die unser Lehrer offensichtlich jedem Neuankömmling in der Klasse aufgab, sparen zu können. Ich stufte das normale Programm als unter meinem Niveau ein und verzichtete auf einen Teil der vorgegebenen Pflichtaufgaben. Doch dieses Mal funktionierte mein Schlupfloch nicht.

Nach etwa einem halben Jahr sollte ich Tonleitern spielen, auf die ich mich nicht vorbereitet hatte. Da nahm mich Ingo Goritzki zur Seite: „Ich bin mir nicht sicher, ob wir uns hier richtig verstehen …“ Er brauchte gar nicht weiterzusprechen. Ich verstand ihn sofort. Von da an wusste ich, dass auch ich nicht darum herumkommen würde, mich, wie alle anderen auch, erst einmal wieder quasi als Anfänger zu beweisen.

Ich hatte das Gefühl, mich in meinem neuen Rudel erst einmal sozialisieren zu müssen. Auch finanziell. Auch wenn die Gagen hier deutlich geringer waren als in Bayern, hatte ich keine Wahl, denn mit diesen Gagen finanzierte ich unter anderem mein Studium. Also musste ich auch hier von vorne anfangen.

Dieser kleine Auftritt in einer Kirche in Hameln, den mir ein Kommilitone vermittelt hatte, fühlte sich richtig und eigentlich auch gut an. Wie ein Auswanderer in einer neuen Welt begriff ich ihn als Chance. Und so kam ab da auch meine Solo-Karriere wieder in Schwung.

Nach zwei Jahren war ich selbst zum „Booker“ aufgestiegen, der die Muggen, also die „musikalischen Gelegenheitsgeschäfte“, an seine Mitstudenten verteilen durfte. Ich stellte damals sogar Ensembles für Kantaten und Messen zusammen, die dann in

Hannover und im Umkreis auftraten. So konnte ich mir meine etwas klamme Kasse zunehmend aufbessern.

Das Zusammenleben mit der Harfenistin Margit-Anna Süß stellte sich allerdings mit der Zeit als Hemmschuh für mein Studentenleben heraus. Vor der Expo war Hannover alles andere als eine attraktive Stadt. Und da wir uns keine teure Wohnung leisten konnten, wohnten wir in einem damals wirklich schlimmen Viertel direkt hinter dem Bahnhof, wo Prostitution stattfand und mit Drogen gedealt wurde.

Margit-Anna war schon damals viel als gefeierte Solistin unterwegs. Ich wartete zu Hause wie ein Strohwitwer und fühlte mich oft ziemlich einsam. Noch hatte ich wenige Freunde.

Mit der Zeit merkte ich, dass sie sich einen Mann wünschte, der reif war und schon richtig im Leben stand. Das konnte ich ihr nicht bieten. So weit war ich einfach noch nicht. Sie hatte mir Schuhe angeboten, die mir noch zu groß waren. Ich hatte noch nicht viel Ahnung vom Leben und musste mir erst noch die Hörner abstoßen. Und das wollte ich auch. Nach viereinhalb Jahren Beziehung war uns beiden klar, dass es so nicht weitergehen würde.

Als sich unsere Wege getrennt hatten, konnte ich intensiv in mein Studium an der Hochschule eintauchen. Erst als ich alleine wohnte, fühlte ich mich frei genug, um mich auf ein abenteuerliches Leben als junger Mann einzulassen. Ich blühte richtig auf. So fing ich an, sogar das damalig wenig attraktive Hannover zu genießen. Plötzlich lernte ich durch mein neues soziales Leben neue Freunde kennen.

Obwohl Hannover nicht der Nabel der Welt war, führten wir dort ein schönes, wildes, buntes Studentenleben. Es war herrlich. Mir wurde nun auch klar, dass ich noch lange nicht für eine echte

Lebenspartnerschaft bereit war. Mein Leben war im Gleichgewicht: Ich arbeitete zwar viel an der Hochschule, feierte aber genauso ungehemmt mit meinen Kommilitonen.

Bei einer legendären Karnevalsparty verkleidete ich mich als Frau. Eine Freundin hatte mir geholfen, das entsprechende Outfit zusammenzustellen. Ich donnerte mich mit Pumps, Minirock, Perücke und Schminke auf. Mit 1,93 cm auf Stöckelschuhen war ich der Star der Party.

Doch die Stimmung kippte bei mir, als ich mit zunehmendem Alkoholpegel meiner Freunde merkte, was es bedeutet, als Frau Opfer von sexuellen Übergriffen zu werden. Ich wurde von mehreren Männern begrabscht und belästigt. Das war eine ganz neue Erfahrung für mich und sensibilisierte mich für ein Thema, das mich bisher nicht betroffen hatte.

So herausfordernd der Anfang des Studiums in Hannover war, umso schöner wurden die Erfahrungen im Lauf der Zeit. Besonders lebhaft in Erinnerung bleibt mir ein wunderschöner Meisterkurs bei Ingo Goritzki in meinem geliebten Venedig, bei dem auch der international gefeierte Fagottist Sergio Azzolini teilnahm. Die Oboen-Klasse reiste gemeinsam mit der Fagott-Klasse. Wir waren alle in derselben heruntergekommenen Absteige untergebracht. Von dort aus strömten wir abends in die Gassen, um das Ambiente zu genießen.

Um kurz vor zwölf versammelten sich einige Freunde und ich mit unseren Instrumenten auf dem fast leer gefegten Markusplatz und begannen zu spielen. Selbst den Carabinieri fiel es in diesem Moment schwer, so schien es, ihren Dienst zu tun und uns zur Nachtruhe zu mahnen. Diese einzigartige Erfahrung bleibt für immer in meinem Herzen und ist in mein späteres Album „Albrecht Mayer in Venedig“ eingeflossen.

Aus Venedig zurückgekehrt, wurde mir eine große Ehre zuteil. Zwei meiner ehemaligen Lehrer, Gerhard Scheuer und Georg Meerwein, die auch den Bamberger Symphonikern angehörten, riefen mich an. Sie wollten mich für ein Probespiel einladen. Eine Stelle als ständige Aushilfe im Orchester sei frei geworden. Natürlich stellte ich mich vor. Ich hatte das große Glück, die Stelle zu bekommen. Das war ein sehr großer Schritt nach vorne und tat meinem Selbstwertgefühl mehr als gut. Endlich konnte ich mich wieder einmal aus der Masse hervorheben. Meine Kommilitonen in Hannover beneideten mich darum, bei so einem Top-Orchester einen Fuß in die Tür bekommen zu haben.

Meine Zeit in Hannover war nach acht Semestern beendet. Ich konnte aufgrund meiner guten Fortschritte mein Diplom vorziehen. Wieder rückte die wahre Freiheit in greifbarer Nähe. Als ich nach Hannover gekommen war, hatte ich bereits mit dem ereignisreichen Leben eines erfolgreichen Musikers gerechnet. Doch ich hatte mir eingestehen müssen, dass ich eben doch erst ein Student war und noch kein überall gefeierter Oboist. Was war das für eine Enttäuschung gewesen! In der Eigenwahrnehmung zurückgestuft zu werden, sehe ich heute allerdings als Segen an. Dieser Absturz aus meinem inneren noch wackeligen Olymp war eine gute Schule für mich. Denn noch viele Male im Leben musste ich mir später meinen Platz neu erkämpfen. Darauf wurde ich in Hannover gut vorbereitet. Aber das konnte mir erst im Nachhinein klar werden.

𝄞

Nach dem Studium war es mir vergönnt, erst einmal mein Leben als Profimusiker zu genießen. Mir war nun eine feste Stelle als

Solo-Oboist bei den Bamberger Symphonikern angeboten worden. Ein unglaublicher Glücksfall! Bei solch einem renommierten Orchester fest unterzukommen, galt damals schon als Ritterschlag in der Musikerwelt. Hier hatte ich allerdings bereits ein Standing, musste also nicht von Null anfangen. Ich kannte das Orchester und viele seiner Mitglieder schon seit meiner Kindheit, praktisch mein ganzes Leben lang.

Ich war nun der erste Bamberger, der seit Bestehen Mitglied des Orchesters wurde. Und dann noch am Anfang meiner Karriere, im Alter von 25. Mir war die Auszeichnung als doch noch sehr junger Musiker schon damals absolut bewusst. Endlich war ich wieder jemand! Hier kannte man mich ja schon seit jeher. Hier hatte ich einen Ruf. Hier kannte man meinen Namen.

Fast wie im Himmel

Es fühlte sich paradiesisch an, mit so vielen wunderbaren Kollegen Musik machen zu dürfen. Paradiesisch war auch der Ort, wo das Orchester damals, lange vor dem Bau der Konzerthalle an der Regnitz, probte und auftrat. Denn die Konzertkirche des Dominikanerbaus, Teil eines ehemaligen Klosters, befindet sich mitten in der Altstadt in unmittelbarer Nähe der berühmtesten Brauerei Frankens. In den Pausen schlüpften wir regelmäßig durch einen versteckt liegenden Seitenausgang direkt auf ihren Innenhof und genehmigten uns ein oder zwei „Schlenkerla"-Rauchbiere. Danach setzten wir uns jedes Mal gut gelaunt wieder auf die Bühne. Keinen hat das damals gestört. Niemand hat sich je beschwert. Im Gegenteil. Meine Orchestermitglieder waren nicht nur äußerst kollegial und nett, sondern behandelten sich fast liebevoll untereinander.

Ich fühlte mich alles in allem wie in Watte gepackt. Ein wesentlicher Traum meines Lebens war in Erfüllung gegangen. Ich konnte endlich zeigen, wie ich mich während meines Studiums entwickelt hatte.

Fast alles an Bamberg war traumhaft schön. Fast kleinstädtisch, hatte es damals etwas über 70.000 Einwohner und verfügte über ein Weltklasse-Orchester. Im Umkreis gab es keine nennenswerte Konkurrenz. Man gab im regelmäßigen Turnus Konzerte in Erlangen und Schweinfurt. In Bayreuth wurde immer zum Jahreswechsel die 9. Symphonie von Ludwig van Beethoven gegeben. Alles hatte seine Ordnung. Traumhaft!

Auch war das Leben günstig: Wohnen, Essen, Trinken … Alles war für jeden erschwinglich. Ich konnte mir hier eine 120 Quadratmeter große Wohnung in der Innenstadt leisten, die ich großzügig einrichtete.

Von meinen ersten Gehältern bei den Bamberger Symphonikern kaufte ich mir einen gebrauchten Mercedes, eine Waschmaschine und einen Werkzeugkasten. Zum ersten Mal hatte ich die Meilensteine im Leben eines erwachsenen Mannes erreicht. Ich legte wie immer auch großen Wert auf ein gepflegtes Aussehen. Endlich konnte ich mir auch edle Kleider, schöne Schuhe, die eine oder andere teurere Uhr und einen Meisterfrisör leisten. Ich hatte die ersten Schritte in die finanzielle Unabhängigkeit getan.

Meine Freizeit war ebenso angenehm. Ich konnte meine Eltern und meine alten Freunde regelmäßig treffen. So gut wie ich nur aussehen konnte, in feinem Zwirn, kamen nun auch die Frauen auf mich zu, die mich als Mädchen auf der Schule hatten links liegen lassen und unerreichbar waren. Jetzt sprachen sie mich sogar von sich aus an, fanden mich offensichtlich total spannend und wollten mit mir ausgehen. Plötzlich war ich um einiges attraktiver für sie. An Angeboten mangelte es mir nicht. Ich gebe zu, dass dies eine Genugtuung für mich war.

Es war, als hätte ich mich aus dem engen Kokon des Studiums befreit und als Schmetterling die Fühler ausgestreckt, die Flügel ausgerollt und wäre kurz davor, auf dem nächsten Grashalm loszufliegen. Ich lebte in Bamberg zu dieser Zeit in einer Art Glückseligkeit. Ich hätte bei den Bamberger Symphonikern wahrscheinlich für mein ganzes Musikerleben bleiben und unbesorgt alt werden können. Das Engagement entsprach damals mehr oder weniger einer Lebensversicherung. Ich hatte in meiner Heimatstadt den Musiker-Jackpot geholt.

Viele meiner ehemaligen Kommilitonen beneideten mich, als sie davon erfuhren. Als mein ehemaliger enger Studienfreund Satoki Aoyama-Kim einmal im Orchester aushelfen durfte, staunte er voll wohlwollender Anerkennung: „Du hast es jetzt wirklich geschafft!“ Er selbst schaffte es später auch, nämlich als Solo-Oboist bei dem japanischen Äquivalent, dem NHK Symphony Orchestra Tokyo.

Die totale Zufriedenheit und Selbstgefälligkeit – man kann es sich denken – währte allerdings nur kurz. Das Leben hatte noch anderes mit mir im Sinn. Nach nur eineinhalb Jahren zurück in der Heimat erschienen mir andere Sterne in der Ferne noch heller zu leuchten als der in Bamberg. Im Herzen kamen nämlich Zweifel auf: Sollte es das wirklich schon gewesen sein? Sollte ich so jung schon alles erreicht haben? Konnte es das wirklich für den Rest meines Lebens sein? Ich fing an, mich etwas umzuhören.

Ich liebäugelte mit Orchestern in Zürich, München und Paris. Ich streckte meine Fühler weiter aus. Da tauchte am Horizont die freie Stelle bei den Berliner Philharmonikern auf. Dort nach dem Probespiel angenommen, gab es kein Zurück mehr. Ich musste die

Stelle annehmen. So zog ich mit wehenden Fahnen nach Berlin und konnte mein neues Glück kaum fassen. Nie hätte ich damit gerechnet, dass ich jemals zu einem Orchester gehören würde, das unter der Leitung von Herbert von Karajan als bestes Orchester der Welt erachtet wurde.

Also tauchte ich umso enthusiastischer in die Berliner Musikwelt ein. Obwohl ich bereits in Bamberg glaubte, angekommen zu sein, fühlte ich mich jetzt wirklich wie im Himmel. Doch ich merkte ganz schnell, dass ich erst einmal wieder durch die Hölle gehen musste. Ich fiel unendlich tief.

Allein der Schritt, vom gemütlichen und sehr provinziellen Bamberg 1992 in das anonyme Post-Wende-Berlin zu ziehen, in das nun alle drängten, war fast traumatisch. Daheim, wo mich jeder kannte, wo ich alles kannte, ging man freundlich und herzlich miteinander um. Die Uhren tickten gemächlich. In Berlin konnte ich kaum Brötchen einkaufen gehen, ohne von der Verkäuferin mit „Das heißt hier Schrippen!" angeschnauzt zu werden. Eigentlich, so schien es mir, schnauzte hier jeder jeden an. Der Ton war so barsch und hart, dass es mir wehtat. Doch das war nur das Vorspiel für das, was mich in der ersten Zeit im Orchester erwartete. Was hatte ich auch erwartet? Im Nachhinein ist mir klar, wie naiv und fast infantil ich davon ausgegangen war, dass ich in Berlin so leben könnte wie in Bamberg.

Aber trotz des rauen Windes, der in Berlin wehte, ergaben sich dort sofort auch ungeahnte wunderbare neue Chancen. Ich wurde ständig von hochkarätigen Musikern angefragt, ob ich CDs mit ihnen aufnehmen oder mit ihnen Ensembles gründen wolle. Ich lernte nach und nach die Crème de la Crème der Musikwelt kennen. Allein in den ersten beiden Monaten bei den Berliner Philharmonikern hatte ich die Ehre, mit vier der größten

Dirigenten der Welt zusammenzuarbeiten: Claudio Abbado, Daniel Barenboim, Zubin Mehta und Seiji Ozawa. Ich hätte das nie für möglich gehalten. Es war wie eine einzige Explosion der Möglichkeiten.

Doch auf diesem Höhenflug holte mich schnell der Alltag im Orchester ein. Dieser bestand vor allem daraus, die Orchesterproben zu überstehen und unter der andauernden Kritik der Kollegen nicht zu straucheln. Das war keine persönliche Ausnahmesituation: Jedes neue Orchestermitglied war erst einmal quasi Freiwild für die anderen. Das ist in Orchestern gang und gäbe, war damals in Berlin aber sicherlich besonders hart.

Einer Studentenverbindung gleich, in der der Neuzugang, also der Fuchs, die niederen Botengänge auferlegt bekommt und in der Hierarchie auf der untersten Stufe steht, wird der neue Kollege gestutzt und geprüft. Was würde er wohl aushalten?

Auf der untersten Stufe

Jedes Orchestermitglied, ob Streicher oder Bläser durfte das Spiel des Neuen kommentieren, kritisieren, zerreißen. So kamen nach einer Probe oder nach einem Konzert manchmal gleich mehrere Kollegen auf mich zu und teilten mir anscheinend wohlwollend ihre persönliche Sichtweise meiner Interpretation des Stückes mit. Die Kritik nahm bisweilen absurde Züge an.

Ich erinnere mich, dass nach einem Konzert der 1. Symphonie von Johannes Brahms ein Streicher auf mich zukam und sagte: „Hochgeschätzter Kollege, wissen Sie, in unserem Orchester ist es Tradition, dass wir diese Symphonie mit sehr viel Vibrato spielen." Fünf Minuten später tauchte ein anderer Kollege auf: „Lieber

Herr Mayer, Sie müssen wissen, dass es bei uns echte Tradition ist, dieses Stück vollkommen ohne Vibrato zu spielen." Dem einen war ich zu laut, dem anderen zu leise. Einer fand mich zu ruhig, die andere zu exaltiert. Ich fühlte mich an allen Ecken und Enden beschnitten.

Auch Intrigen waren an der Tagesordnung. Der Willkür anderer Menschen, die einem im privaten Leben nichts zu sagen hätten, ausgesetzt zu sein, erinnerte mich schmerzlich an meine Erfahrung bei der Bundeswehr. Jeder meiner Kollegen hatte eine Art Carte blanche, eine Lizenz zum Töten, in der Hand. Ich fühlte mich der Hackordnung ausgeliefert. Ich durfte mich auch hier gegen Häme und Spott nicht einmal wehren. Sonst hätte ich meine Chance im Orchester möglicherweise vertan.

Meine Verwirrung war oft groß. Und die Verunsicherung noch größer. Das ging so weit, dass ich einmal bei einer USA-Reise mit dem Orchester und Claudio Abbado, als wir Gustav Mahlers 9. Symphonie vortrugen, an einer Stelle nicht mehr wusste, welche Finger ich bei welchen Noten auf welche Klappen meiner Oboe legen sollte. Ich fühlte mich so sehr unter Druck und wurde nervös: Ich las das Fis, aber welcher Finger war der Richtige? Ich fühlte mich so sehr von der systematischen und oft widersprüchlichen Kritik in die Ecke getrieben, dass ich nicht nur einmal während des Spielens ins Schleudern kam.

Ich übertreibe nicht: Die ersten beiden Jahre in Berlin und bei den Berliner Philharmonikern waren die schlimmsten meines Lebens. Noch viel schlimmer als meine Zeit bei der Bundeswehr. Während dieser sehr schwierigen Probezeit habe ich mich unzählige Male zurück nach Franken gesehnt. Ich fragte mich, ob ich vielleicht einen Fehler gemacht hatte, die Bamberger Symphoniker und meine geliebten Kollegen verlassen zu haben. Doch es gab ja sowieso kein Zurück mehr.

Von Hannover aus war ich noch oft nach Bamberg zurückgefahren, weil mir seine gemütliche Atmosphäre gefehlt hatte. Doch jetzt hatte ich in Berlin Blut geleckt, hatte Horizonte gesehen, die ich in Bamberg niemals hätte erleben können. Obwohl ich in Berlin am Anfang so litt und immer wieder mit dem Gedanken spielte aufzugeben, war das doch keine Option für mich.

𝄞

Nicht der Orchesterleiter entscheidet, ob ein neuer Kollege nach der zweijährigen Probezeit bleiben darf oder nicht. Die Orchestermitglieder entscheiden in einer ihrer Versammlungen per geheimer Abstimmung über die Zukunft des Bewerbers. Als sich dieser schicksalhafte Tag für mich näherte, an dem meine Zukunft besiegelt werden sollte, erinnerte ich mich an meine katholische Erziehung. Ich bin davon überzeugt, dass ich mit guten Taten bewirken kann, dass Gott meine Gebete eher erhören wird.

Ich versuchte also, mit einer großzügigen Spende in den Opferstock einer Kreuzberger Kirche das himmlische Wohlwollen zu beeinflussen. Das war mir 400 DM wert. Und ich legte gleich noch einmal eine stattliche Summe drauf und half damit einer australischen Studentin, die ich nebenbei unterrichtete, aus einer Misere.

Trotz dieser Bemühungen war ich mir relativ sicher, dass es mit mir und dem Orchester nicht klappen würde. Schließlich hatte ich doch hin und wieder Kontra geboten, wenn es mir mit der Kritik von dem einen oder anderen Kollegen zu bunt geworden war.

Doch der liebe Gott hatte meine Gebete tatsächlich erhört! Mein hohes Niveau an Leidensfähigkeit hatte sich erneut ausgezahlt. Mit nur zwei Stimmen über der erforderlichen Mindestquote hatten die 128 Orchester-Kollegen mich in ihren Kreis der Auserwählten aufgenommen. Ich hatte fortan eine feste Anstellung.

Als ich in meiner Neuköllner Dachgeschosswohnung auf den Anruf des Orchestervorstands gewartet hatte, war ich auf alles vorbereitet gewesen. Eine Absage hätte mich nicht überrascht. Endlich hatte das Telefon geklingelt. Die Zusage hatte mich allerdings entgegen meiner Erwartungen nicht in einen Zustand von Euphorie versetzt. Nein, es war wie immer, wenn ich in meinem Leben etwas erreicht hatte: Die Spannung war von mir abgefallen und eine Mischung aus heller Freude und tiefer Erschöpfung hatte eingesetzt. Schließlich musste sich auch erst die schlimme Wunde langsam schließen, die mir in den vorangegangenen zwei Jahren in meine Seele gehauen worden war.

Meine Mutter hingegen jauchzte vor Freude, als ich meine Eltern mit der guten Neuigkeit anrief: „Ich wusste es! Ich wusste es! Ihr Ungläubigen!" Offensichtlich hatte auch sie für mich gebetet und die Zweifler ermahnt. Gefeiert wurde erst später, als ich meine Familie zu einer Riesenparty nach Berlin einlud.

Diese Orchester-Abstimmungen gibt es so nur in Deutschland. In anderen Ländern entscheiden Gremien über einen neuen Kollegen. Auch ich habe zwischenzeitlich natürlich viele dieser Abstimmungen erlebt und an ihnen teilgenommen. Im Nachhinein gibt mir diese demokratische Art, über einen Musiker zu entscheiden, zu denken. Ein Teil stellt sich hinter einen und ein anderer Teil, vielleicht sogar fast die Hälfte, ist dagegen. Was kann das über einen Musiker aussagen? Viele der heutigen Säulen des Orchesters wurden, so wie ich, nur knapp hinzugewählt. Doch was wäre das Orchester all die Zeit ohne sie gewesen?!

Als ich die Probezeit im Orchester mit Hängen und Würgen überstanden hatte, hörten die ständigen Kommentare und Verbesserungsvorschläge meiner Kollegen auf. Der Psychoterror endete schlagartig. So als hätte er niemals stattgefunden. Ich hatte mir mein Standing über zwei Jahre hinweg mühevoll erarbeitet. Ich war nun einer von ihnen.

Es dauerte trotzdem noch einige Jahre, bis ich mich wirklich im Kreis des Orchesters entspannen konnte, bis ich verstand, dass nun wirklich keine Qualen mehr auf mich zukommen würden. Stets auf der Hut ging ich noch lange Zeit zu den Proben, ständig in der antrainierten Angst, jemand könnte wieder etwas an meinem Spiel aussetzen. Erst ganz langsam taute ich auf und konnte mich endlich auch musikalisch so entfalten, wie ich es für richtig empfand.

Ich schwor mir damals, dass ich niemals einen neuen Kollegen durch denselben Leidenstunnel schicken würde, durch den ich hatte kriechen müssen. Über die Jahre hinweg habe ich mich immer wieder mit Kollegen über diese Anfangstortur unterhalten, die sie ebenfalls erleiden mussten. Manche von ihnen haben sich von dem Psychoterror nie ganz erholt.

Wenn man berühmte Musiker auf der Bühne sieht, umgibt sie häufig eine Aura der Leichtigkeit, des Glücks, des immerwährenden Erfolgs. Es hat den Anschein, als sei ihr Weg stets ein einziger Spaziergang in der Sonne. So soll das eigentlich ja auch sein. Das Publikum wünscht sich ein solch heiles Bild natürlich als Projektionsfläche. Doch die Lehrjahre sind sicher für keinen von uns ein Leichtes. Der Weg zum Erfolg ist steinig, vor allem für Künstler.

Die Bedingungen in den Orchestern und Ensembles sind nirgends einfach. Die festen Stellen für Musiker sind rar. Stellen Sie sich eine Pyramide mit einer 20.000 Quadratmeter großen Basis vor, mit einer Spitze so klein, dass man nicht darauf stehen könnte. Die einzige Art, sich oben zu halten, ist, sich festzukrallen. Diese winzige Spitze teilen sich nur wenige international gefeierte Stars und reisende Solisten.

....

Ich habe nie aufgehört zu lernen, weder musikalisch, noch menschlich, noch ideell, noch sozial. Doch die ersten sogenannten Lehrjahre in meinem Leben, sowohl bei der Bundeswehr als auch im Studium und später bei den Berliner Philharmonikern haben einige Narben bei mir hinterlassen. Bis heute sind sie nicht ganz verheilt.

6

Überdruck – wenn der Erfolg zu Kopf steigt

Als ich anfing, mit Vollgas über die Bühnen der Welt zu fahren, war ich wie im Taumel. Als Solo-Oboist der Berliner Philharmoniker öffneten sich mir mit einem Schlag viele Türen und Tore, von denen man als Musiker nur träumen kann. Oft kamen Agenten auf mich zu und wollten Kontakte herstellen, Events planen, mich in aller Welt für Konzerte buchen. All die musikalischen Meisterwerke, alle Bühnen, alle Musiker um mich herum und die Dirigenten, das Publikum, die Fans, das Ansehen, die Möglichkeiten: Es fühlte sich an wie im Rausch. Jedes Jahr kam etwas Neues dazu und ich erlebte es noch intensiver als das vorangegangene. Ein Highlight reihte sich an das andere. Und tut es in gewisser Weise noch heute…

Seit Beginn meiner Karriere bin ich reichlich mit Ehrungen bedacht worden. Schon vier Mal wurde mir die höchste Auszeichnung für klassische Musiker in Deutschland zuteil: drei Mal der „Echo Klassik“ und 2018 sein Nachfolger, der „Opus-Klassik-Preis“. Aber auch Auszeichnungen wie der Kulturpreis Bayern, der E.T.A.-Hoffmann-Kultur-Preis sowie der Kulturpreis der Oberfrankenstiftung gehören zu den Ehrungen, die mich sehr stolz gemacht haben. Dennoch geht es mir nicht um die Anhäufung von Preisen. Auch nimmt das Hochgefühl bei einer Preisverleihung mit der Zeit etwas ab.

Wir Musiker und Künstler suchen meist immer wieder neue Herausforderungen und auch neue Wege, die Menschen zu erreichen. Vor etwa 15 Jahren habe ich begonnen, meine Konzerte selbst zu moderieren, was mir große Freude bereitet. Ich liebe es heute, frei zu sprechen. Keine dieser Moderationen bereite ich vor, ich liebe es, spontan auf die Stimmung im Saal zu reagieren. Dieses Talent habe ich wahrscheinlich auch von meinem Vater geerbt…

𝄞

Mein Debüt als Oboist in der Carnegie Hall in New York 2008 war für mich ein unvergessliches Highlight. Wie für die meisten Musiker gibt es auch für mich keinen erhabeneren Musik-Tempel. Kein Ort hat einen glanzvolleren Ruhm als die Carnegie Hall. Es ist der Traum eines jeden Musikstudenten, dort einmal aufzutreten. Und nun sollte er für mich als einem der ganz wenigen Oboisten auf der Welt in Erfüllung gehen.

Auf diesen Auftritt im wahrscheinlich bedeutendsten Konzertsaal der Welt hatte ich mich monatelang vorbereitet: Vier Wochen lang hatte ich davor keinen Alkohol getrunken, mein tägliches Sportpensum penibel eingehalten, bis zur Perfektion geübt und mich auch seelisch in aller Ruhe auf mein inneres Gleichgewicht fokussiert.

Debüt in der Carnegie Hall

Ich war kurz zuvor mit den Berliner Philharmonikern in den USA auf Tournee gewesen. Nach einem Konzert in Costa Mesa bei Los Angeles verlängerte ich meinen Aufenthalt in Kalifornien. Ich wollte mich gemeinsam mit meiner Frau Alexandra in Santa

Monica am Meer auf das einschwingen, was zu den wichtigsten Momenten meines künstlerischen Lebens zählen sollte. Ich habe als Solist schon in allen wichtigen Konzertsälen der Welt gespielt, darunter mit Christian Thielemann in der Berliner Philharmonie, mit Gustavo Dudamel im Kunst- und Kulturzentrum Luzern, mit Jakub Hrusa und den Bamberger Symphonikern in der Elbphilharmonie Hamburg und mit Yutaka Sado und dem Tonkünstler Orchester im Wiener Musikverein. Doch nirgends fühlte es sich so himmelsgleich an, wie in der Carnegie Hall zu spielen.

Quasi in Trance ging ich damals auf die Bühne und stand vor dem erwartungsvollen New Yorker Publikum. Hinter mir das einzigartige Orpheus Chamber Orchestra, spielte ich das Oboenkonzert von Richard Strauss, wie ich es noch nie im Leben gespielt hatte. Gott sei Dank war es ein großer Erfolg und bis dato eines der erhebendsten Ereignisse meiner Oboisten-Karriere. Für mich fühlte es sich an, als gehörte ich nun in die Reihe all der Legenden, die dort schon vor mir aufgetreten waren und noch nach mir spielen werden. Dieser Anlass musste natürlich gefeiert werden!

Mein guter Freund und fantastischer Fotograf Matt Dine gab für mich in seiner riesigen Wohnung in Greenwich Village eine After-Show-Party der besonderen Art. Er hatte alle professionellen Oboisten aus dem Staat New York und viele andere wunderbare Künstler eingeladen. Selten habe ich ausgelassener gefeiert. Dieser Abend gehört mit Abstand zu den glücklichsten meines Lebens.

Der wahre Kick

Doch den wahren Kick und die echte Erfüllung gibt mir das Dirigieren. So hatte mein musikalischer Ziehvater Alfred Zwiebel wohl doch recht gehabt. Als ich zum ersten Mal die 5. Symphonie von Ludwig van Beethoven dirigierte, konnte ich endlich die verzückten Blicke meines verehrten Claudio Abbado verstehen, wenn er vor uns, den Berliner Philharmonikern, stand und sich wie in Musik auflöste. So ging es mir auch, als ich vor der Staatsphilharmonie Rheinland-Pfalz im sogenannten Rosengarten in Mannheim stand und das Orchester wie die Register einer Orgel spielen lassen durfte.

Nur die Partitur im Kopf und den Dirigierstab in der Hand, verströmte ich mich, als gäbe es nichts anderes mehr auf der Welt als nur diese Musik und diesen einen Moment. Einen solchen seelischen Höhenflug habe ich bis jetzt in meinem Leben mit noch keinem Oboenkonzert erreicht. Für mich gibt es nichts Erfüllenderes.

Beim Dirigieren muss man seinen Körper so effektiv wie möglich einsetzen. Dem Tiefseetauchen gleich achte ich stets darauf, möglichst wenige unnötige Bewegungen zu machen. Beim Tauchen muss die Sauerstoffflasche möglichst lange halten. So gilt es beim Dirigieren, die musikalische Energie nicht zu verschwenden. Wenn ich Claudio Abbado beim Dirigieren zusah, war er für mich wie ein einzigartiger Balletttänzer, wie Rudolf Nurejew. Mit seinen wunderschönen geschmeidigen, einzigartigen Bewegungen vermittelte er dem Orchester seine musikalische Vorstellung. Er brauchte keine Worte.

𝄞

Als Mitglied eines Orchesters gehören für mich aber die Höhenflüge mit meinem geliebten Claudio Abbado zu den bedeutendsten musikalischen und persönlichen Erlebnissen. Wenn wir zusammen mit den Berliner Philharmonikern oder dem Luzern Festival Orchester aufgetreten sind, waren das für mich immer unvergessliche Moment. Diese beiden Orchester unterscheiden sich erheblich von allen anderen, die ich kennenlernen durfte. Zu Claudios Zeiten konnten sie an den entscheidenden Positionen durchweg Spitzen-Solisten aufbieten, was die Energie und die Perfektion im Zusammenspiel auf ein unerreichtes Level anhob. Für diese unglaublichen Geschenke und Erinnerungen werde ich ihm in alle Ewigkeit dankbar sein.

Aber natürlich gab es viele Konzerthöhepunkte, die man als Superlative beschreiben könnte und die mich nachhaltig geprägt haben. So auch das Konzert mit meinem lieben Freund Zubin Mehta im Palazzo Vecchio in Florenz. Zubin dirigierte Igor Strawinskis „Petruschka“ mit nur einer Probe. Seine perfekte Dirigiertechnik ist sicherlich unerreicht und sein großzügiges, liebenswürdiges Lächeln sorgte bei uns allen für die beste Stimmung.

Auch werde ich nie vergessen, wie die Berliner Philharmoniker mit mir, anlässlich des Amtsantritts unseres neuen Chefdirigenten Kirill Petrenko, vor zig Tausenden von Zuhörern vor dem Brandenburger Tor die 9. Symphonie von Ludwig van Beethoven gespielt haben. Menschenmassen, so weit das Auge reichte. Die verbindende und Frieden bringende Botschaft der Musik, als die Ode „An die Freude“ durch den Berliner Abendhimmel klang, war deutlich in der Luft zu spüren. Ich war sicherlich nicht der Einzige, der in diesem Moment Tränen in den Augen hatte. Wie viel mehr davon brauchen wir heute!

Ähnlich intensiv empfinde ich jedes Mal die Zusammenarbeit mit bedeutenden Musikern anderer Genres. Ich hatte das Glück, mit unzähligen von ihnen auf der Bühne stehen zu dürfen. Von Reinhard Mey über die Scorpions bis hin zu Rolf Kühn und Wynton Marsalis … Jede Begegnung ist anders. Und jede ist auf ihre Weise beglückend und erhebend. Aber jedes Mal habe ich die Chance, von diesen musikalischen Vorbildern unserer Zeit zu lernen. Der Enthusiasmus dieser Musiker verstärkt oft meinen eigenen Energiepegel. Viele dieser Momente haben meine Musikwelt revolutioniert.

Die außergewöhnliche Musikalität und extreme Begabung von Lang Lang durfte ich bei vielen Gelegenheiten genießen und bewundern. Dieser einzigartige Pianist ist aber nicht nur ein hervorragender Musiker, sondern auch als Mensch etwas Besonderes. Mit ihm verbindet mich auch eine Art Freundschaft.

Nach einem Konzert in London vor einigen Jahren waren wir zum Essen verabredet. Er erschien in nagelneuen schwarzen Adidas-Sneakers mit goldenen Streifen. Ich war hellauf begeistert und fragte, wo man die denn kaufen könne. „Das ist die neue Lang Lang Special Edition", antwortete er sichtlich stolz. Am nächsten Morgen wartete an der Rezeption meines Hotels ein Schuhkarton mit einem Paar dieser Schuhe genau in meiner Größe auf mich. Mein lieber Freund hatte es sich nicht nehmen lassen, mir diese große Freude zu machen. Jedes Mal, wenn ich sie trage, erinnert mich das an diesen wunderschönen Abend mit ihm.

Auch mit Anna Netrebko verbindet mich ein besonderes Erlebnis: Wir debütierten gemeinsam 2002 für unsere Plattenfirma Deutsche Grammophon im Palais am Festungsgraben in Berlin. Wir teilten uns das Konzert, bei dem sie Arien in Französisch, Russisch und Italienisch sang. In jeder Sprache verzauberte sie unser Publikum und mich gleichermaßen. Sie sang so schön, wie sie war.

Mit dem amerikanischen Star-Trompeter Wynton Marsalis aufzutreten, fühlte sich an, als würde man mit einer Rakete in die Erdumlaufbahn geschickt werden. Seine Energie war so gewaltig, seine musikalische Kraft so mitreißend, dass ich meinte, den Boden unter den Füßen zu verlieren. Ich konnte nicht anders, als ihn nach jedem gemeinsamen Konzert noch mehr dafür zu verehren.

Gleichzeitig faszinierte mich seine äußerst ruhige Art und liebenswürdige Bescheidenheit. Solche Qualitäten zeichnen nach meiner Erfahrung die wirklich großen Bühnenkünstler aus. Auch Placido Domingo ist einer von ihnen. Sich backstage mit ihm zu unterhalten war, als ob man einen alten Freund wiedertrifft.

Mit der wunderbaren Pianistin Hélène Grimaud betrat ich hingegen eine ganz andere Sphäre. Ich hatte das große Glück, die drei Romanzen von Robert Schumann mit ihr gemeinsam aufzunehmen und auf einer Tour durch Deutschland vorzustellen. Auf Hélène trifft „bombastisch" sicherlich ganz und gar nicht zu, sondern eher „elysisch", „verträumt" und „sinnlich". Mit ihr habe ich mich während unserer Konzerte musikalisch auf eine Ebene eingelassen, die man nur als transzendent beschreiben kann. Durch den ständigen Augenkontakt während des Spielens waren wir auch seelisch verbunden. Diese Ergänzung und Erfüllung habe ich nur mit wenigen Musikern erlebt.

Einer von ihnen ist der wahrhafte Ausnahme-Geiger Nigel Kennedy, mit dem ich das große Glück hatte, drei Alben aufnehmen zu dürfen. Selten habe ich einen Künstler kennengelernt, der so uneitel ist. Seine musikalischen Verrücktheiten und wirklich exzentrischen Eskapaden sind in ihrer Leichtigkeit und Kreativität unheimlich ansteckend. Deshalb hatten wir bei den vielen gemeinsamen Konzerten und Tourneen, die uns auch nach Asien geführt haben, mehr Spaß als Arbeit.

Nigel ist zudem ein Meister der spontanen Kommunikation mit dem Publikum. Wenn ich ihn dabei beobachte, wie er von der Bühne aus mit den Zuhörern im Saal interagiert, fühle ich mich jedes Mal für meine eigenen Auftritte inspiriert.

Nigel macht genre-übergreifend Musik. Das imponiert mir. Klassik, Jazz, Pop, Rock, Improvisation. Er vermischt die Musikrichtungen miteinander und holt damit so viel mehr Menschen ab, als wenn er sich einzig auf die klassische Musikwelt reduzieren würde. Damit nimmt er meiner Meinung nach einen positiven Einfluss auf uns alle. Dieser Aufbruch ist eine Chance für uns klassische Musiker.

Wer kommt in zehn oder zwanzig Jahren denn noch in die Konzertsäle dieser Welt? Dem Musikunterricht in den Schulen wird immer weniger Gewicht und Zeit eingeräumt, also lässt auch das Interesse an klassischer Musik bei jungen Menschen in Deutschland exponentiell nach. Oder viel deutlicher gesagt: Das Interesse wird erst gar nicht geweckt. Vor 50 Jahren kannte jeder Gymnasiast den Unterschied zwischen Franz Schubert und Robert Schumann. Heute würde ich das sehr stark bezweifeln. Wenn wir junge Menschen für klassische Musik und unsere Kulturtraditionen begeistern wollen, müssen wir in Zukunft flexibler sein und sehr früh ansetzen. Da sind uns andere Länder, wie zum Beispiel die Türkei oder Japan, weit voraus.

Genauso lohnend war mein Winter-Album „Let it snow“ mit dem berühmtesten britischen Acapella-Ensemble The King's Singers. Ihre tonale Harmonie und Perfektion begleiten mich seither. Ich habe sie übrigens schon als kleiner Bub bewundert, als ich Mitglied des Bamberger Domchors war und mir wünschte, genauso singen zu können wie sie.

So wie das Zusammenspiel mit anderen Solisten bringen mich auch meine eigenen Ensembles „New Seasons“ und „The New Mozart Players“ in zuvor nicht geahnte Sphären der Musik und des Glücksgefühls. Zwei meiner erfolgreichsten New Seasons-CDs waren sogar nicht nur in den Klassik-Ranglisten, sondern auch in den Pop-Charts äußerst erfolgreich.

Jede Form des Spielens und Auftretens in unterschiedlichen Konstellationen – als Orchestermusiker, Solist, Ensemble-Mitglied oder Dirigent – hat seinen Charme, aber auch seine Herausforderungen. Wir Musiker sind alle auch Menschen mit ganz einfachen Bedürfnissen und Gefühlen, aber dann auch gleichzeitig wieder ganz außergewöhnlich mit sehr komplexen Persönlichkeiten.

Als Solist ist es am einfachsten. Da ist man sein eigener Herr, Maßstab seiner selbst. Im Orchester ist durch den Dirigenten die Hierarchie klar vorgegeben. Aber schon in Kammer-Ensembles wird es schwieriger. Hier ist die Herausforderung am größten, denn es treffen oft mehrere starke Persönlichkeiten aufeinander, die alle ihre Ansichten gerne durchgesetzt sähen.

Allerdings braucht es in jeder Musiker-Konstellation einen Spiritus Rector, der die anderen auf einer musikalischen Linie führen darf. Oft habe ich von der Demokratie in der Musik gehört, wo jeder gleich viel zu sagen hat, jede Stimme gleich viel gilt. Doch das ist für mich das absolut unsinnigste Modell, weil es meistens zu einer absoluten Katastrophe führt.

Man stelle sich ein Bläser-Oktett vor, bei dem alle acht Musiker ihre individuelle Vorstellung der Stücke haben. Am Ende der Probenzeit entsteht ein grauer Brei der Interpretation, der diese Bezeichnung nicht einmal verdienen würde.

Bei dem Versuch der Demokratie in der Musik kann man sich im besten Fall nur auf den kleinsten gemeinsamen Nenner einigen. Das habe ich immer wieder erleben müssen. Wir Musiker kommen auch immer wieder an unsere Grenzen, weil wir uns mit den ebenso gültigen Meinungen der anderen auseinandersetzen sollen. Dieses Thema hat mich ein Leben lang beschäftigt und sehr oft gequält. An diesen internen musikalischen Machtkämpfen können auch ganze Projekte scheitern. Aber, wie schon erwähnt, auch der kleinste gemeinsame Nenner führt nur zu einem langweiligen und monochromen Einerlei. Der gute Wille aller Beteiligten macht das leider nicht besser.

Alphatier mit Dirigierstab

Jeder, der mich kennt, weiß, dass ich mich als Dirigent am wohlsten fühle. Ich bin ein ausgesprochenes Alphatier und mein eigenes Ensemble zu leiten, hat für mich eine ganz besondere Qualität. Im Orchester ist man vorgegebenen Traditionen unterworfen. Selbst wenn man als Solist bei einem Orchester gastiert, muss man sich zwangsläufig auf seit Jahrzehnten eingefahrene musikalische Gewohnheiten einlassen. Mit dem eigenen Ensemble ist es natürlich viel leichter, neue Welten zu erschaffen und gewohnte Muster zu überdenken.

Meistens hole ich in meine Ensembles Freunde, die mich seit langer Zeit kennen, die schnell verstehen, worauf ich hinauswill, was ich fühle – manchmal sogar bereits in einem vorauseilenden „Gehorsam". Wir pendeln uns dann schnell aufeinander ein, sodass es kein Limit nach oben gibt. Mit vielen dieser vertrauten Musiker verstehe ich mich sozusagen ohne Worte. Das verschafft uns eine ungemeine Arbeitserleichterung. Wir erreichen auf der

Bühne ein Miteinander, das man normalerweise erst nach sehr langen Probephasen erreicht. Wir kennen uns so gut, dass wir uns gerne auch einmal gegenseitig auf den Arm nehmen.

Wenn ich auf einer Tournee Konzerte mit demselben Programm, aber an einem anderen Ort spiele, kann es sein, dass meine Moderation nicht jedes Mal komplett anders ist. Natürlich ist es ein Anliegen von mir, tagesaktuell auf das Publikum und den Ort zu reagieren. Aber trotzdem gibt es sich wiederholende ironische Kommentare.

Bei der Anmoderation von Bachs „Jesus bleibet meine Freude" hatte ich auf einer Konzertreise immer wieder betont, wie „sehr, sehr lang" der Oboen-Part in diesem Stück sei, dass er quasi nicht enden wolle. Es bleibt dem Oboisten dabei kaum Zeit zu atmen, weil sein Part „colla parte" ist, also identisch mitlaufend mit der Geigenstimme. Ohne Zirkuläratmung ist das nicht zu schaffen.

In Luzern bei unserem letzten Konzert der Tournee setzte ich schmunzelnd zu diesem Kommentar an, um das Publikum zu belustigen: „Dieses Stück ist für uns Oboisten …", da stimmten meine Ensemble-Mitglieder im Chor spontan mit ein: „sehr, sehr, sehr, sehr, seeeeeehr lang." Sie haben mich damit überrascht, und wir mussten gemeinsam mit den Zuhörern aus vollem Herzen lachen.

𝄞

Mittlerweile, das höre ich immer wieder, bin ich für viele Musiker und Musikerinnen zu einem Vorbild geworden. Das lässt sich bei einer musikalischen Laufbahn von mehreren Jahrzehnten auch nicht vermeiden. Es ergibt sich quasi von selbst. In den Meisterkursen, den so genannten master classes, die von Zeit zu Zeit vor meinen großen Konzerten überall in der Welt oder an bekannten

Musikhochschulen wie der Julliard School in New York stattfinden, teile ich meine Sicht auf die Musik und ihre Interpretation. In einer Art interaktiver Vorlesung, die gleichzeitig Konzert-Komponenten beinhaltet, vermittle ich auch meine Art zu spielen, Musik zu machen und wahrzunehmen.

Es ist ganz einfach: Ich liebe es zu unterrichten. 2002 hatte ich den Ruf für eine Professur nach München nur deshalb abgelehnt, weil ich meine anderen Engagements dafür hätte aufgeben und die Berliner Philharmoniker hätte verlassen müssen. Ich fühlte mich sehr geehrt und hätte sie gerne angenommen. Doch das Angebot fiel zeitlich zudem mit der Berliner Ära Sir Simon Rattle zusammen – diese Zeit des Aufbruchs mit einem neuen Dirigenten wollte ich auf keinen Fall verpassen. So war es mir leider nicht möglich, die Professur anzunehmen. Wer weiß: Vielleicht kommt der richtige Zeitpunkt für eine Art Gastprofessur doch noch einmal im hohen Alter? Das würde mich sehr freuen.

Unterricht muss spannend sein, egal wo: ob im Klassenzimmer, im Konzertsaal oder an der Hochschule. Wenn man die Schüler und Studenten nicht bei der Stange halten kann, driften sie ab. Wenn das passiert, war alles umsonst. Für mich ist eine master class immer auch eine Art Auftritt. Das genieße ich besonders, weil ich dann sehr spontan und interaktiv auf der Bühne und im Saal sein kann. Das ist notwendig, um auf die Bedürfnisse der Teilnehmer flexibel eingehen zu können.

Vor der Pandemie bin ich sogar regelmäßig in die Reihen des Publikums gegangen, um Techniken oder das Schwingen von Tönen körperlich erfahrbar zu machen. Das Vibrato lässt sich zum Beispiel am besten am Zwerchfell und an der Seite des Halses erspüren. Durch diese taktile Komponente des Unterrichtens war es für viele Teilnehmer erst möglich, wirklich zu verstehen, was ich meine, und diese Techniken nach und nach selbst anzuwenden.

Eine master class ist immer eine große Bereicherung. Wenn ich in Demut dabei immer wieder an die Basis jeder Technik zurückkehren muss, um sie zu veranschaulichen, ist das für mich wie ein selbstreinigender Prozess. Ich vergegenwärtige mir, was mir sonst selbstverständlich erscheint. So prüfe ich meine eigene Technik auf mögliche Unzulänglichkeiten. Diese Art der eigenen Wartung sollte man nicht unterschätzen.

Früher musste man in Meisterkursen damit rechnen, von den Lehrern sehr streng und arrogant behandelt zu werden. Es ist sogar noch heutzutage in manchen Klassen nicht außergewöhnlich, dass die Studenten sogar beleidigt und herabgesetzt werden. Ich habe mir vorgenommen, so nie zu sein oder zu werden. Schließlich war jeder von uns einmal in der Rolle des Schülers oder einer Schülerin.

Niemand darf in meinen Kursen das Gefühl bekommen, er würde in eine Ecke gedrängt werden. Natürlich ist übereinander zu lachen eine menschliche Wesensart. Aber ich würde nie über einen Schüler lachen, wenn er nicht auch über mich lachen dürfte.

Selbstironie ist eine wichtige Komponente meines Unterrichtens. Ich gebe meinen Schülern zu verstehen, dass ich natürlich auch nicht perfekt bin, dass ich selbst unzählige Unzulänglichkeiten habe. Das nimmt ihnen die Angst und den Druck, selbst perfekt sein zu müssen. In dieser entspannten Atmosphäre kommt man viel schneller voran.

Nur die Stärken zählen

Ich versuche, meine Studenten nicht auf ihre Schwächen zu reduzieren, sondern ihnen ihr Potenzial aufzuzeigen. Ich weise gerne gen Himmel: Es gibt für sie keine Grenzen. Es geht immer weiter nach oben. Wenn – ja wenn – sie sich selbst keine Grenzen setzen. Das ist meine Philosophie. Immer wieder höre ich: „Meine Zunge ist für das Staccato zu langsam." oder: „Mein Finger ist nicht schnell genug." Ich antworte: „Gut, lass uns daran arbeiten! Du kannst es besser. Du bist noch lange nicht am Ende deiner Möglichkeiten." Nicht an Grenzen wachsen wir, sondern an der Freiheit.

Die Meisterkurse sind immer international besetzt. Zu meinem Unterricht reisen viele Teilnehmer nicht selten Hunderte von Kilometern an. Sogar viele Asiaten, vor allem aus Japan, Korea, China und Taiwan führt ihr Enthusiasmus für die europäische Kultur und ihre klassische Musik zu mir. Gerade von diesen Studenten erfahre ich großen Respekt, da in ihrer Kultur wiederum der Lehrer hohes Ansehen genießt. Ihre Ehrfurcht vor einer Autorität drücken Japaner mit dem Namenszusatz „Sensei" aus, was so viel heißt wie „vorher geboren". „Mayer-Sensei": Was für eine Ehre für mich! Wenn ich so angesprochen werde, macht mich das sehr stolz und dankbar.

Schon früh habe ich erfahren, dass die Attraktivität steigt, wenn man ein Instrument spielen kann. Wenn ein Junge bei einer Jugendfreizeit, während eines Zeltlagers oder bei einer Wallfahrt, an denen ich als Jugendlicher oft teilgenommen habe, die Gitarre am Lagerfeuer ausgepackt hat und anfing zu singen, hingen die Mädchen plötzlich an seinen Lippen und suchten seine Nähe.

Dasselbe habe ich erlebt. Ich fühlte mich ja weder attraktiv, noch besonders geschickt und hatte dazu in meiner Erinnerung keine allzu flotten Sprüche parat. Aber wenn ich als junger Mann meine Oboe zur Hand nahm, war das mein Türöffner zu den Mädchenherzen.

Ich habe das Glück, mit der Oboe sehr viele Menschen erreichen zu können. Nach meinen Konzerten stehen oft unzählige meiner Fans Schlange, um ein Autogramm von mir zu bekommen, besonders in Asien. Nach einem Auftritt im Seoul Arts Center in Korea waren es einmal zum Beispiel etwa 2.500 Menschen, die im Foyer von 20 Ordnern ähnlich des Security-Checks am Flughafen in Reihen gepfercht, auf eine Unterschrift oder ein gemeinsames Foto mit mir warteten. Was für ein Gottesgeschenk für mich, dem es schon immer an Selbstbewusstsein gemangelt hat! So viel Bewunderung und Anerkennung: Streicheleinheiten für meine Seele.

Vor allem nach einem Fernsehauftritt erkennen mich Menschen in der Bahn, auf der Straße oder beim Einkaufen und sprechen mich an. Das finde ich eigentlich sehr schön. Auch bei den sogenannten Signings kommen oft Fans auf mich zu als würden sie mich schon seit Langem kennen. Auf eine gewisse Weise kennen sie mich ja tatsächlich: aus dem Fernsehen, von Youtube oder von der Digital Concert Hall der Berliner Philharmoniker. Sie zeigen mir Selfies, die sie vor Jahren mit mir aufgenommen haben: „Do you remember me?“ Da sie mich lange Zeit schon von der Bühne kennen, gehen sie davon fast selbstverständlich aus. Viele Fans können sich natürlich nicht in meine Lage versetzen und verstehen, dass ich auf der anderen Seite Tausende von Menschen in einer Masse erlebe und mich nicht an jeden Einzelnen erinnern kann. Das bringt mich zu einer Episode aus meinen frühen Tagen als Oboist. Als 16-Jähriger war ich mit dem Bayerischen Landesjugend-Orchester zu einer Fernsehaufzeichnung eines Konzertes in ein Studio nach München eingeladen. In der Schlange in der Kantine sah ich unmittelbar vor mir einen Mann, der mir unglaublich bekannt vorkam. Auch seine Stimme war mir sehr vertraut. Ja klar, ich kannte ihn sogar sehr gut. Nämlich aus sämtlichen Edgar Wallace-Filmen. Der unverschämt gut aussehende Joachim Fuchsberger, der für mich damals den smarten deutschen James Bond schlechthin verkörperte, drehte sich zu mir um. Und grüßte einen anderen Mann hinter mir. Mich beachtete er natürlich kaum. Ich war verdutzt und enttäuscht, fast empört. Er müsste mich doch kennen! Nach dem Motto: „Ja, hallo Albrecht, du alte Wuschrdhaud, was machst Du denn hier?!", erwartete mein fränkisches kleines Ich. Ich war kurz versucht ihn anzusprechen: „Hallo, Herr Fuchsberger! Ich bin's! Erkennen Sie mich denn gar nicht?"

Erst Jahre später verstand ich, welchem Effekt ich aufgesessen war. In San Francisco habe ich den Spieß einmal umgedreht, als ich der amerikanischen Schauspielerin Lucy Liu begegnete. Erneut in einer Schlange wartend, stand sie vor mir, um am Ocean Beach einen Kaffee zu kaufen. Dieses Mal war ich aber vorbereitet und hatte einen Spruch parat. Mit meinem charmantesten Lächeln sprach ich sie an: „Passiert es Ihnen häufig, dass sie jemand darauf anspricht, dass sie so aussehen würden wie Lucy Liu?" Mit einem umwerfenden Augenzwinkern und einem Million-Dollar-Smile erwiderte sie charmant: „It happens all the time ..."

Es freut mich, wenn mich Fans erkennen und ansprechen. Als Bühnenkünstler muss man die Menschen lieben. Als Misanthrop wäre man fehl am Platze. Und natürlich schmeichelt es mir ungemein, wenn es Menschen wichtig ist, ein Selfie mit mir zu schießen, wenn ich Geschenke und Blumen erhalte, oder wenn Fans mir ihre Bewunderung ausdrücken.. Wem würde das nicht so gehen? Wenn mich Briefe von weiblichen und männlichen Verehrern erreichen, geht mir natürlich immer wieder das Herz auf. Allerdings geht die Nähe, die sich der eine oder andere Fan von mir erhofft oder gar erwartet, mir manchmal zu weit. Wenn Verehrer gerne mehr von mir hätten, als ich geben kann, muss ich den Kontakt natürlich auf ein vertretbares Maß regulieren. Ich musste lernen, darauf zu achten, keine falschen Signale zu senden. Selbstverständlich möchte man als Künstler niemanden verprellen, man muss aber doch gewisse Grenzen ziehen. Dennoch: Wenn mir Fans durch die ganze Welt hinterher reisen, fühle ich mich sehr geehrt und gerührt. Das zeigt mir: Meine Musik kommt an, ich komme an. Ich nehme diese Resonanz aber nicht nur als Schmeichelei wahr, sondern auch als Maßstab für meine musikalische Entwicklung. Meine Fans dürfen zu Recht eine stetige Weiterentwicklung von mir erwarten.

Musikalische Erfolge, Auszeichnungen, Star-Musiker, Reisen, Bewunderung, Status, Anerkennung, begeisterte Fans …

Klingt alles traumhaft, nicht wahr?

Das ist es auch. Aber nicht nur! Das kann ich versichern. Wo viel Sonne ist, ist auch viel Schatten.

Man müsste meinen, dass mir so viel Erfolg und Aufmerksamkeit zu Kopf steigen sollten, wie man es bei Menschen auf der Bühne annehmen könnte. Aber dem ist nicht so. Mir ist stets bewusst, wie viel Arbeit hinter jedem meiner Erfolge steckt und wie viel Fügung und Fortune damit auch zusammenhängt. Eigentlich geht es mir eher umgekehrt: Ich hinterfrage mich und meine „Erfolge" regelmäßig. Ein gut gelungenes Konzert ist natürlich sehr erfreulich, aber das nächste Konzert wartet ja schon. Da könnte es ganz anders aussehen.

Ich erinnere mich an ein Konzert vor vielen Jahren, für das ich mit der besten Generalprobe meines Lebens vorbereitet war. Ich fühlte mich super. Noch nie war eine Probe so gut gelaufen. Alle beteiligten Musiker waren euphorisch. Das Konzert allerdings war eine absolute Katastrophe.

Ich kam auf die Bühne und erlebte zum ersten Mal eine Panikattacke – und das ohne ersichtlichen Grund. Ich war natürlich vollkommen unvorbereitet, dass so etwas geschehen würde.

Als erfahrener Musiker kämpfte ich mich durch diese Ausnahmesituation hindurch, denn die einzige Alternative wäre gewesen – und das meine ich nun wortwörtlich – „toter Mann" zu spielen, mich also zu Boden zu werfen und vorzugeben, ohnmächtig zu sein. Auch dieses Szenario war mir in diesem Moment durch mein Hirn gerast.

Vielen Mit-Musikern ist es auch schon einmal so gegangen. Der Körper beherrscht den Geist und beim nächsten Mal kann es ganz andersherum sein. Wir Musiker haben darauf keinen Einfluss. Es gibt irgendeinen Trigger-Moment und schon rollt eine Welle unkontrollierten Wahnsinns los.

Bei einem Sportler würde man in so einem Fall von einem Trauma sprechen. Bei jedem Konzert muss man ab dann seelisch, geistig und körperlich gegen die Angst ankämpfen, es könnte wieder so weit kommen. Man versucht sich darauf vorzubereiten, eine unvorhersehbare Nervosität notfalls in den Griff zu kriegen. Ich habe viele Kollegen gekannt, die Ähnliches erlebt haben und nicht glaubten, sie könnten je wieder auftreten. Gegen so ein Trauma hilft nur: besser denn je musikalisch vorbereitet zu sein, zu üben, zu üben, zu üben, sich körperlich fit zu halten und sich um seelische Ausgeglichenheit zu bemühen. Mir persönlich hilft es auch vor jedem Auftritt, mich mit Menschen zu umgeben und mich zu unterhalten. Man sucht nach jedem Strohhalm, nur damit es nie wieder zu so einer ausweglosen Situation auf der Bühne kommen kann.

Natürlich bin ich sehr stolz auf meine Erfolge. Aber ich ruhe mich auf meinen Lorbeeren nicht aus. Nach dem Konzert ist vor dem Konzert. Zu oft in den letzten 40 Jahren habe ich gesehen, dass Künstler an einem Tag noch erfolgreich gefeiert, wenig später verbrannt waren und ohne Skrupel und Mitleid aus dem Olymp verbannt wurden.

Bitte kein Superlativ!

„Oboen-Gott?" „Oboen-Papst?" „Bester Oboist der Welt?" – Immer wieder werde ich so von Kollegen oder in den Medien bezeichnet. Doch darf es diesen Superlativ überhaupt geben? Meiner Meinung nach sicherlich nicht. Wer weiß schon, ob hinter den sieben Bergen bei den sieben Zwergen nicht doch ein Oboist wohnt, den man bisher noch nicht kennt und der noch so viel besser spielt als ich.

Es ist wie mit Wein. Den besten Wein gibt es nicht. Es gibt nicht einmal den besten Bordeaux. Aber ich würde mich gerne für eine Testserie zur Verfügung stellen. Der eine oder andere Wein wird allgemein oder von einer Gruppe von Menschen als sehr gut eingestuft. Aber ist er wirklich der beste Wein der Welt? Wer kann das schon sagen?!

Genauso ist es mit unseren Schauspielkollegen auf der Bühne. Für jeden Oscar-Preisträger gibt es sicherlich mindestens 50 Schauspieler, die genauso gut wären, aber im Laufe ihrer Karriere durch das eine oder andere Raster gefallen sind.

Unsere Auszeichnungen und Bezeichnungen sind alle relativ, nicht als absolut zu verstehen. Gerade musikalische Tonäußerungen lassen sich nicht wie sportliche Leistungen messen. Nach meinem eigenen Ermessen habe ich auch schon vor allen Auszeichnungen schön gespielt, und auf jeden Fall mit meinem ganzen Herzblut.

Doch ist Qualität nicht das einzige Attribut, das einen Musiker berühmt und erfolgreich macht. Es klingt zynisch oder eben einfach nur realistisch: Man muss sich auch zu verkaufen wissen. Manchmal habe ich in meinem Leben gehört: „Willst Du gelten, komme selten." Erstens habe ich mich daran nie gehalten und zweitens gilt das schon lange nicht mehr. Wir sind schon lange nicht mehr im Zeitalter von Arturo Benedetti Michelangeli.

Ganz im Gegenteil: Die mediale Präsenz ist auch für uns Musiker mittlerweile das A und O. Ob es uns gefällt oder nicht. Die Kampagnen, die eine neue Aufnahme begleiten, werden von Jahr zu Jahr wichtiger. Die Musik ist dabei nur ein Teil. Ich liebe mein Publikum und ich verstehe, dass ich ihm nicht nur meine Musik, sondern auch einen Teil von mir geben muss, damit für sie das Bild von mir vollständiger wird.

Meine Fans wollen und sollen mich auch ein Stück weit kennenlernen. Das ist dem Zeitgeist der allgegenwärtigen Transparenz, um nicht zu sagen Offenherzigkeit, geschuldet. Heute kommt es nicht nur darauf an, wie gut man Musik macht, sondern ob ein Gesicht und ein Körper sich auch verkaufen lassen. Wie gut Interviews laufen, wie hoch Einschaltquoten sind.

Als Kind war ich noch sehr wortkarg, heute bin ich es schon gewohnt, im medialen Gespräch zur Hochform aufzulaufen. Den sozialen Netzwerken hatte ich mich lange Zeit verweigert, bis ich verstehen musste, wie wichtig meine Präsenz dort ist. Es blieb und bleibt mir leider nichts anderes übrig, als auch dort mit der Zeit zu gehen.

Nicht weniger Ausschlag für den Erfolg eines Künstlers gibt seit einigen Jahren sein Äußeres. Wie gut, dass ich meine Karriere zu einer anderen Zeit – nunmehr schon vor 40 Jahren – begonnen habe, denn ich habe mich stets als eher unattraktiv empfunden. Nach heutigen Standards wäre ich mit meinem Debüt wohl eher durchgefallen. Wenn ich jetzt des Öfteren junge erfolgreiche Künstler auf der Bühne sehe, bin ich oft versucht zu glauben, sie mussten erst ein Model-Casting absolvieren. In meiner Kindheit war das mit guten Musikern eigentlich das Gegenteil. Die Stars damals habe ich oft als wortkarg, verschroben, schrullig und mehr als einmal als äußerst unattraktiv empfunden. Aber spielen oder singen – das konnten sie.

Ich will den Wandel in der Gesellschaft zu „mehr Schein als Sein“ ganz und gar nicht gutheißen. Man könnte von außen den Eindruck bekommen, dass wunderschön zu sein einem die Anstrengung und die Arbeit am Instrument abnehme. Weit gefehlt! Es gibt heutzutage einfach mehr Ebenen, auf denen man fit sein muss, als nur auf der musikalischen, um international Erfolg zu haben.

𝄞

Auch wenn der eine oder die andere mich vielleicht anders sehen möge, würde ich sagen, dass ich trotz aller Höhenflüge, trotz all meines Erfolgs, „normal" geblieben bin. Oder zumindest genau so verrückt wie ich schon immer war. Doch der Ruhm, auch wenn er mir nicht zu Kopf gestiegen ist, lässt mich alles andere als kalt. Und auch ich muss zugeben, dass er unter Umständen die negativen Seiten in mir verstärken kann.

An „schattigen" Tagen, wenn es alles andere als ideal läuft, wenn der weltbekannte Musiker nicht gefragt ist, sondern eben der „normale" Mitbürger, kann ich auch einmal ungehalten oder aufbrausend reagieren. Ich bin eben doch ein Sohn meines Vaters. Mein ach so groß gewordenes Musiker-Ego steckt letzten Endes eben auch nur in einem Menschen mit vielen Schwächen und Fehlern.

Meine unerwarteten Wutausbrüche können andere bisweilen erschrecken, kennen sie mich sonst doch vor allem als freundlichen, verbindlichen und manchmal sogar lächelnden Zeitgenossen.

So erging es vor einigen Jahren auch den wohlmeinenden Organisatoren eines Festivals in San Salvador in Brasilien. Ich war engagiert worden, gemeinsam mit einem Pianisten ein Rezital zu spielen und davor eine master class abzuhalten. Doch es lief so ziemlich alles schief, was nur schieflaufen konnte.

Nach dem etwa elfstündigen Flug nach Bahia kam ich müde und erschöpft an. Doch weit und breit niemand, der mich am Flughafen abholte. Ich stand kurz verloren herum, bevor ich ein Taxi zum Hotel nahm. In dieser sehr bescheidenen Absteige war wieder niemand, der mich willkommen hieß. Ich fühlte mich wie bestellt und nicht abgeholt.

Ohne weiter zu zögern, nahm ich meinen Koffer in die Hand, drehte mich auf dem Absatz um und nahm ein Taxi zurück zum

Flughafen. Kein Rezital. Kein Albrecht Mayer in San Salvador. Ich hatte ein Minimum an höflicher Willkommenskultur erwartet und wollte nun das nächste Flugzeug zurück nach Deutschland nehmen.

Kurz vor dem Flughafen erreichte mich ein Anruf: „Herr Mayer, wo sind Sie? Wir haben uns ein klein wenig verspätet. Entschuldigen Sie! Wir sind hier. Wir warten auf Sie!" Ein „klein wenig"? Für deutsche Verhältnisse war das die Untertreibung des Jahrhunderts. Um der Wahrheit die Ehre zu geben, kamen sie eineinhalb Stunden zu spät. Ich ließ mich überreden zu bleiben. Doch das war nur der Anfang.

Gerade im Saal angekommen, wo ich mit dem Pianisten proben sollte, verbesserte sich meine Laune nicht gerade. „Wo sind die Noten? Haben Sie sie mitgebracht?" Ich traute meine Ohren nicht! Man hatte mich schon vor Wochen gebeten, die Noten per Post vorauszuschicken, was ich auch getan hatte. Wo waren also die Noten? Nein, die Noten seien nicht angekommen. Da meldete sich nach langem Hin und Her der Pförtner der Musikhochschule. Sie lägen bei ihm. Der Probe stünde also nichts im Wege, meinten die Organisatoren.

Kaum waren die Noten aufgefunden, folgte schon der nächste Stolperstein. Der Flügel auf der Bühne war mit einer Stahlspange abgeschlossen. Keiner wusste, wo der Schlüssel dafür war. Ich raufte mir innerlich bereits die Haare. Der wunderbare Pianist blieb allerdings erstaunlich ruhig. Als nur noch 20 Minuten Zeit für die Probe waren, legte er selbst Hand an. Er hebelte mit einer ungeheuren Kraft, die man dem brasilianischen Hünen ansehen konnte, die Spange auf. So konnten wir endlich proben.

Aber auch dabei blieb es nicht: Aus dem Nichts erschien plötzlich ein Mann, der behauptete, er müsse jetzt, genau jetzt und zu keinem anderen Zeitpunkt, den Flügel stimmen. Ich wies ihn – noch etwas verkrampft höflich – darauf hin, dass „jetzt" nicht möglich sei. „Dann wird der Flügel eben gar nicht gestimmt", erwiderte der Stimmer trotzig und verließ den Saal.

Das war der berühmte Tropfen, der das Fass bei mir zum Überlaufen brachte. Ich legte meine Oboe extra sanft auf den Flügel und folgte dem Stimmer mit immer zügigeren Schritten ins Foyer. Dort wartete der Präsident der Hochschule und des Konzertsaals mit seiner gesamten Entourage. Alle Blicke waren auf mich gerichtet, als ich meinem Kurzschluss freien Lauf ließ. (In den Medien wird so ein Moment gerne als „Amoklauf" bezeichnet.) Der bedauernswerte Klavierstimmer bekam nun alles ab, was sich bei mir auf dieser Reise bisher angestaut hatte. Wenn Worte töten könnten, hätte ich ihn in diesem Moment mit 150 Messerstichen zur Strecke gebracht.

Nur selten in meinem Leben habe ich derart die Contenance verloren. Ich weitete meine Tirade der Schimpfwörter auf die offensichtlich fassungslosen Mitarbeiter des Hochschulpräsidenten, die wie Orgelpfeifen im Halbkreis standen, aus. „Hier in Salvador de Bahia funktioniert nichts! Aber auch gar nichts!" Ich drohte: „Wenn ich heute Abend zum Theater komme und auch nur das kleinste Staubkorn liegt mir im Weg, fliege ich auf der Stelle nach Hause, ohne auch nur eine einzige Note zu spielen!"

Die Anwesenden waren verstummt. Doch der Pianist, der sich wohlweislich in sicherer Entfernung aufgehalten hatte, kam draußen vor dem Gebäude auf mich zu, klopfte mir auf die Schulter und sagte: „Well done!" Wir sahen uns an und mussten daraufhin zusammen so laut lachen, dass der gesamte Frust dieses unmöglichen Tages von mir abfiel. Ende gut, alles gut: Es wurde ein wirklich wunderschönes Konzert.

Neidloser Konkurrent

In der Musikwelt ist Konkurrenz ein heißes Thema. Mithalten zu können, besser zu sein, sein Ego zu polieren. Man könnte meinen, der eine schaue oft missgünstig zum anderen. Nach meinem Dafürhalten vereinige ich alle möglichen schlechten Eigenschaften in mir. Allerdings eine kenne ich nicht: Neid. Selbst, wenn ein heiß ersehnter Preis an einen anderen Musiker geht, oder jemand einen schöneren Auftritt erhält oder mit vermeintlich weniger Arbeit Großes zu erreichen scheint, gönne ich jedem von ganzem Herzen alles. Neid nützt niemandem, sondern schadet vor allem mir selbst.

Wenn jemand mit einem Aston Martin an mir vorbeirauscht, erfreue ich mich an dem Anblick dieses wunderschönen Autos. Porsche, Maserati, Lamborghini: Ich durfte auf meinen zahlreichen Reisen immer wieder die schönsten und schnellsten Traumautos der Welt fahren. Ich weiß ja aus der Erinnerung, wie viel Spaß das macht. Zu Hause fahre ich trotzdem einen kleinen Peugeot.

So schön er ist, der Beruf des Musikers ist nur für eine Handvoll Menschen geeignet. Die Zuhörer und Zuschauer bekommen immer nur einen winzigen Ausschnitt davon mit, wenn sie mich ein oder zwei Stunden lang auf der Bühne sehen. Doch was nach leicht erspieltem Glanz und Glamour aussieht, bedeutet in Wahrheit unglaublich viel Arbeit. Ich kann mich nach einem fulminanten Konzert nicht ausruhen, wie Hollywood-Stars sich nach einer Filmpremiere erst einmal wochenlang in ihrem Erfolg suhlen. Ich muss gleich am nächsten Tag weitermachen. Wie ein Spitzensportler. Wer an der Spitze bleiben möchte oder auch nur sein erarbeitetes Niveau behalten will, muss jeden Tag an sich und seiner Musik arbeiten. Und das von früh bis spät.

Da ich meine Arbeit immer sehr ernst genommen habe, hatte ich eigentlich gar keine Gelegenheit, mir meinen Erfolg zu Kopf steigen zu lassen. Bis auf wenige Male… Natürlich bin ich auch nicht ganz davor gefeit, das eine oder andere Mal die Bodenhaftung zu verlieren und in eine Art Egomanie abzudriften. Doch dann signalisieren mir meine Frau, meine Tochter, meine Eltern, meine Schwiegereltern und sogar meine Geschwister ganz deutlich:

Zu Hause bin ich weder Solist noch Dirigent. Im Familienleben gibt es so viele andere Notwendigkeiten und Bedürfnisse, die der Musik nicht untergeordnet werden dürfen. Und das finde ich ganz und gar nicht bedauernswert. Im Gegenteil, dass ich zu Hause nicht allabendlich mit Beifall bedacht werde, hilft mir sogar, mit dem Druck, den ich mir auch selbst mache, besser umzugehen. So kommt die Demut quasi von alleine.

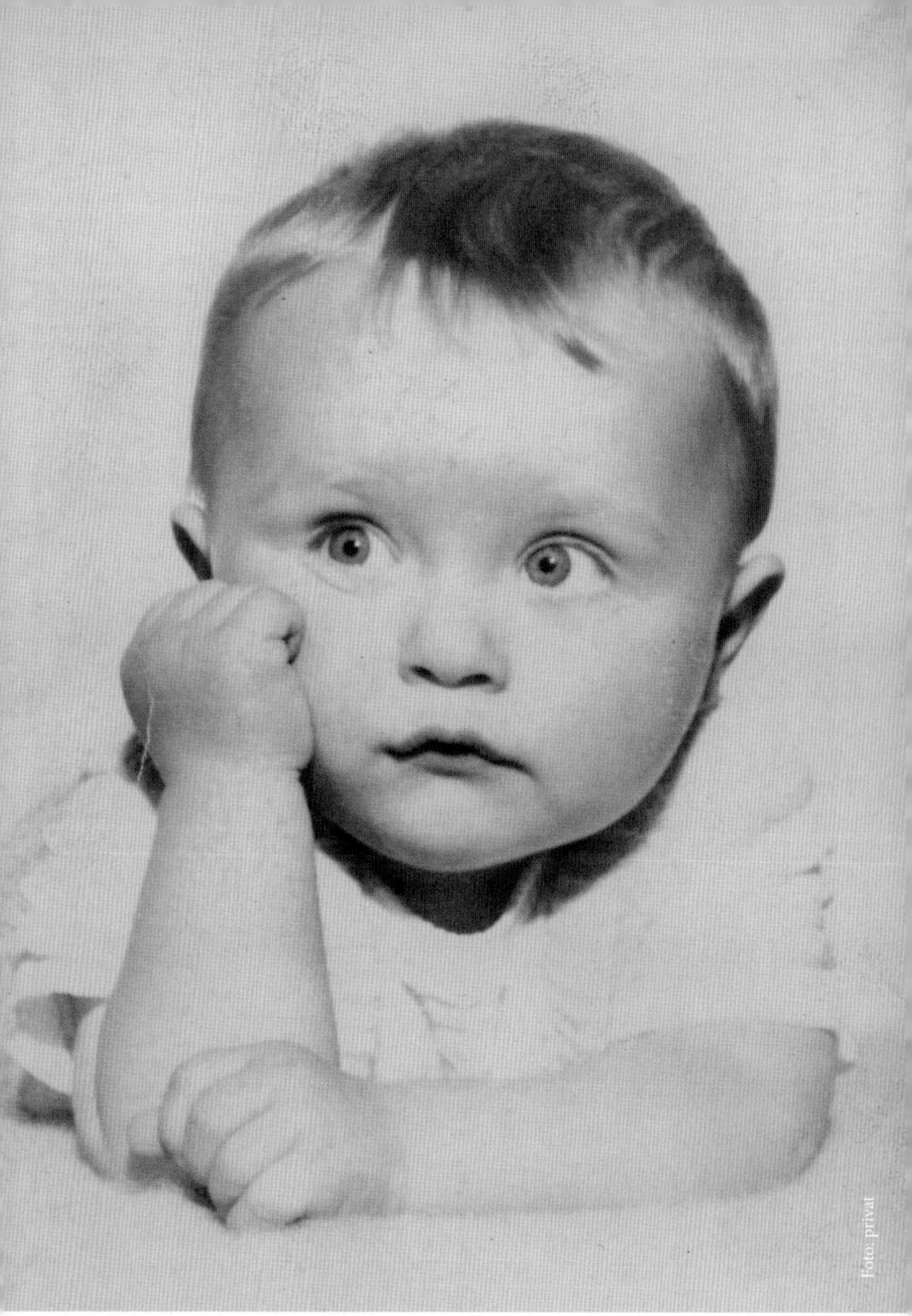

Noch kein Jahr alt: Verträumter Blick am Muttertag.
Der kleine Albrecht, Mai 1966.

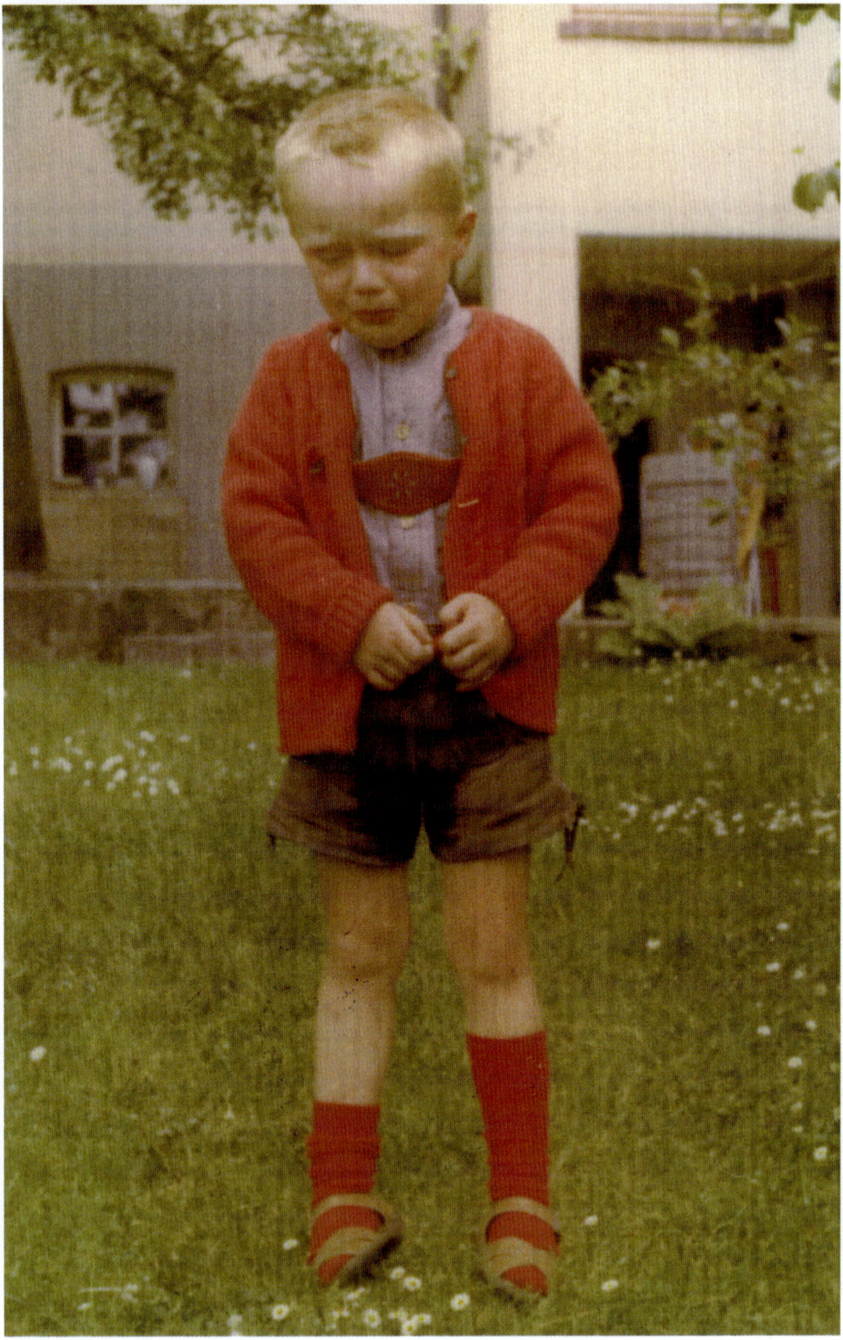

Mit drei Jahren im Garten von Opa und Oma, verzweifelt ob des kleinen Fauxpas. Man beachte die Lederhose. Sommer 1968

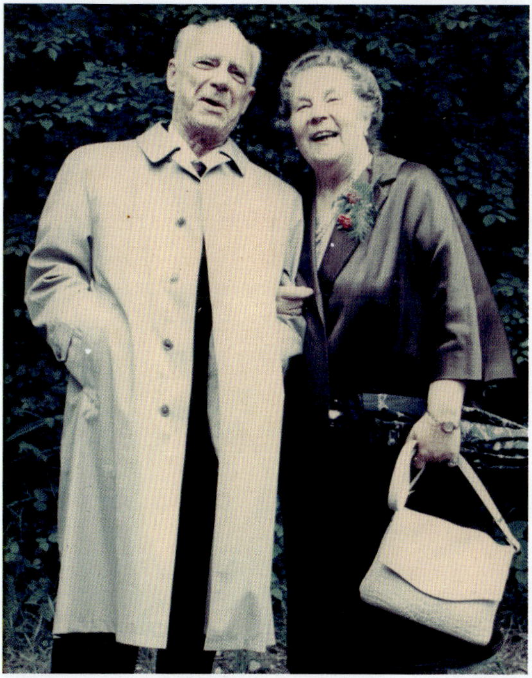

Meine geliebten Großeltern: Opa Paul und Oma Anni. Im Jahr 1986, zwei Jahre vor Oma Annis bedauernswert frühem Tod.

Auf einer Familienfeier bei unseren Schweizer Verwandten in Bern. Familie Mayer: Bruder Matthias, Mutter Christina, Albrecht, Schwester Julia, Vater Hans (von links nach rechts). Sommer 1987

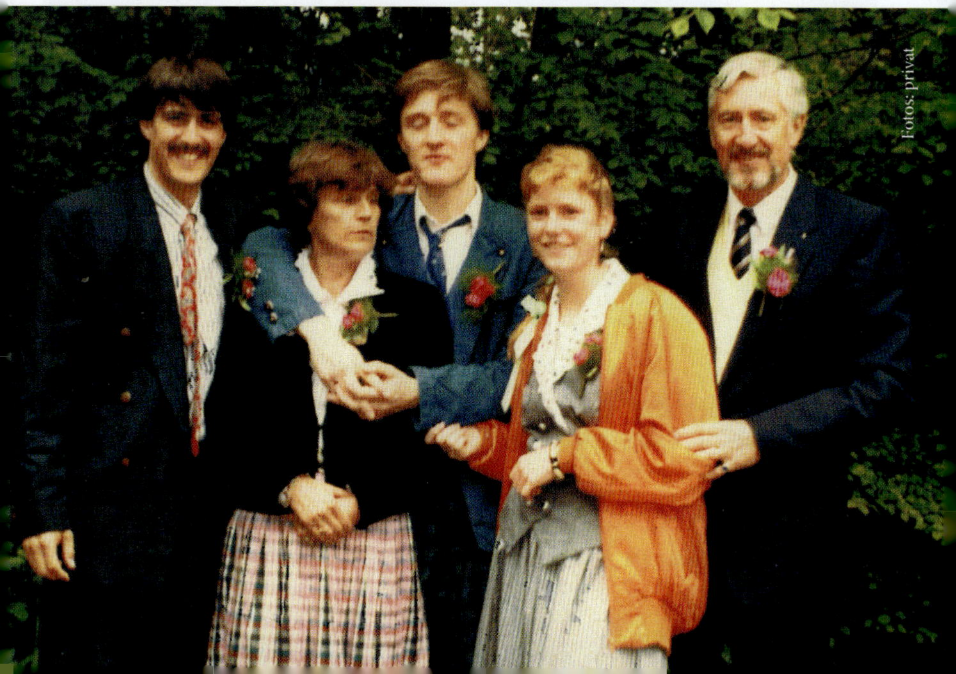

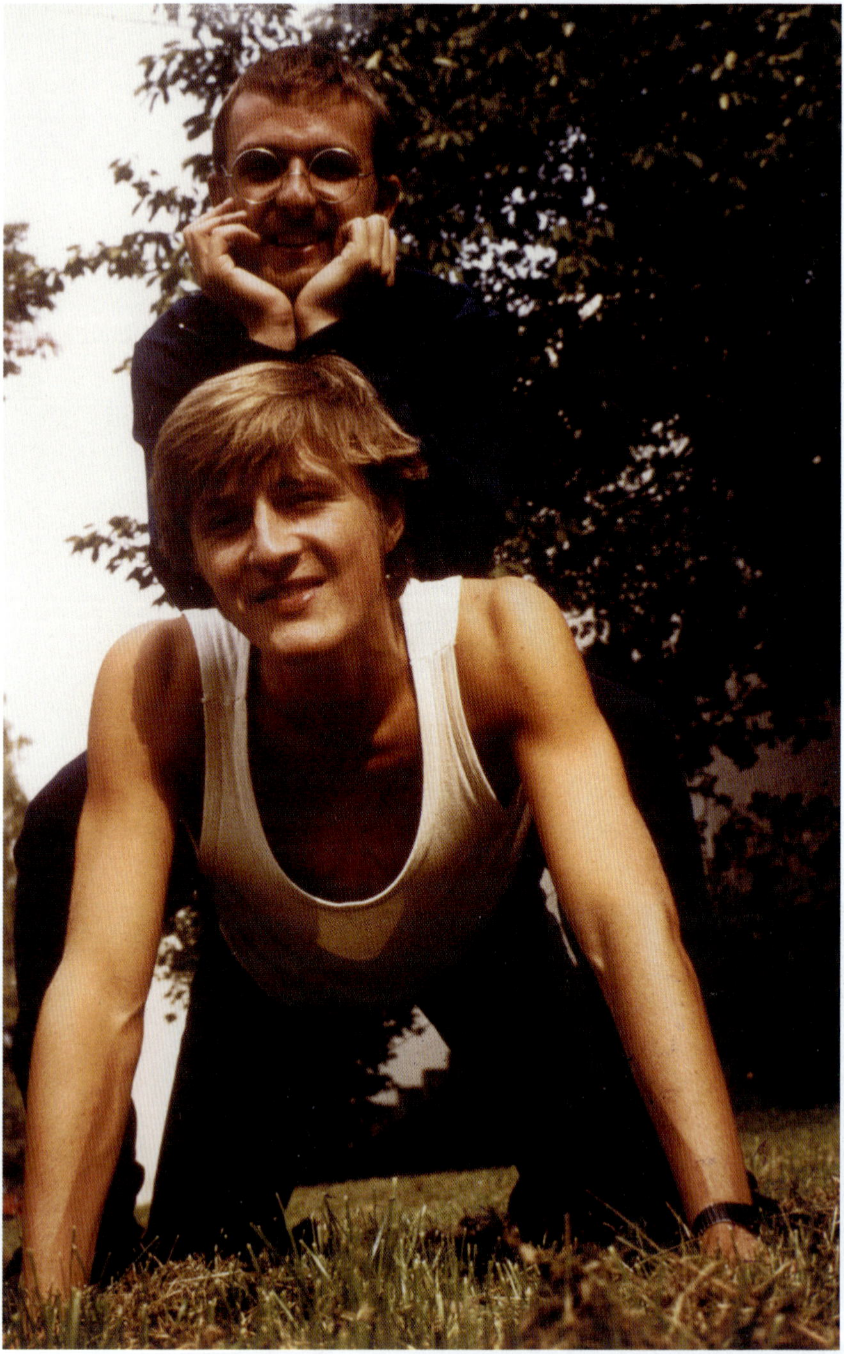

Stefan Kestler (oben) und ich. Körperliche Ertüchtigung
im Heeresmusikkorps 4 in Regensburg auf dem Dreifaltigkeitsberg.

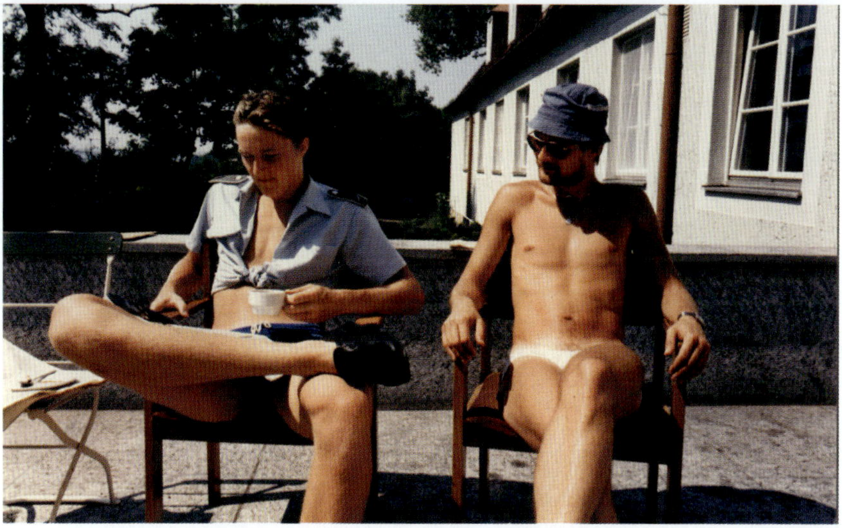

Welch anstrengender Dienst als wachhabender Unteroffizier vom Dienst!
Mit meinem lieben Kameraden Stefan Pompetzki im Sommer 1985.

Glücklicher Echo-Preis-Gewinner. Nach der Verleihung des Preises
in München 2004 mit meinen Eltern.

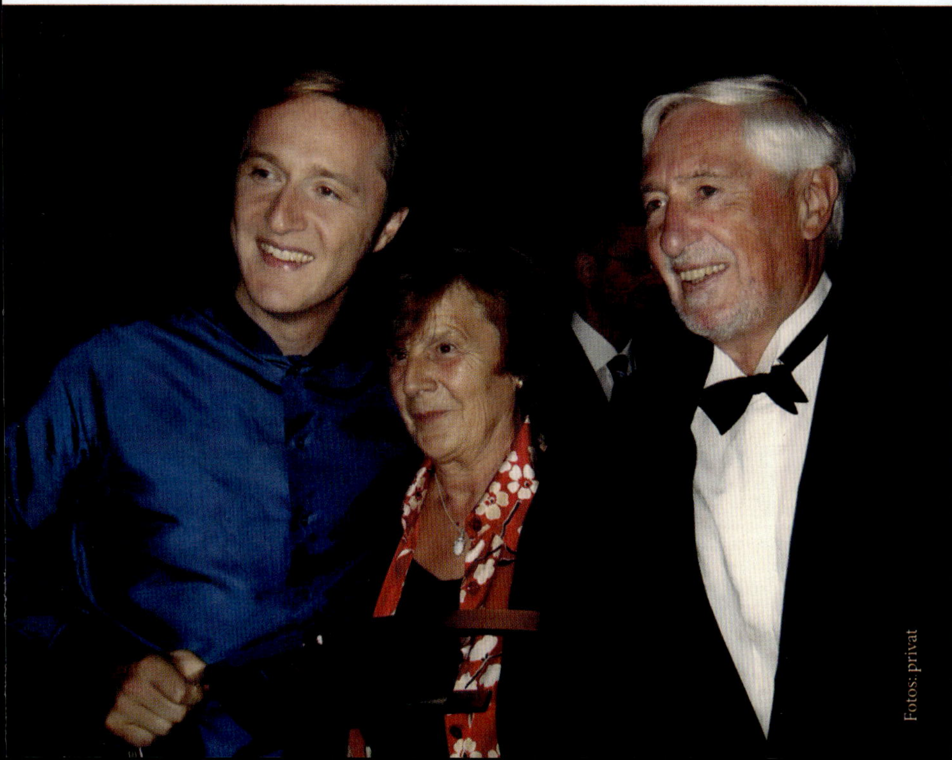

Fotos: privat

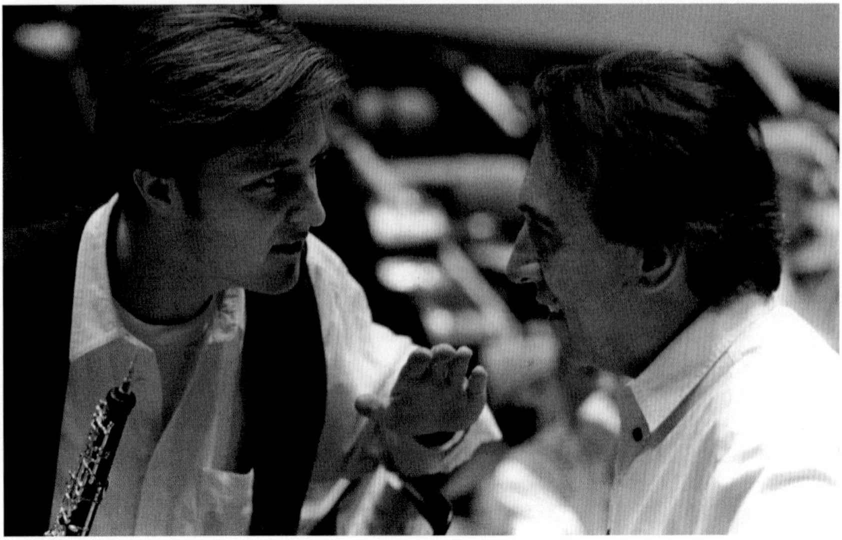

Ideenaustausch mit meinem verehrten Claudio Abbado in der Berliner Philharmonie, ca. 1994.

Kurz vor dem Konzert in der Carnegie Hall in New York mit Itzhak Perlman (links) und Claudio Abbado.

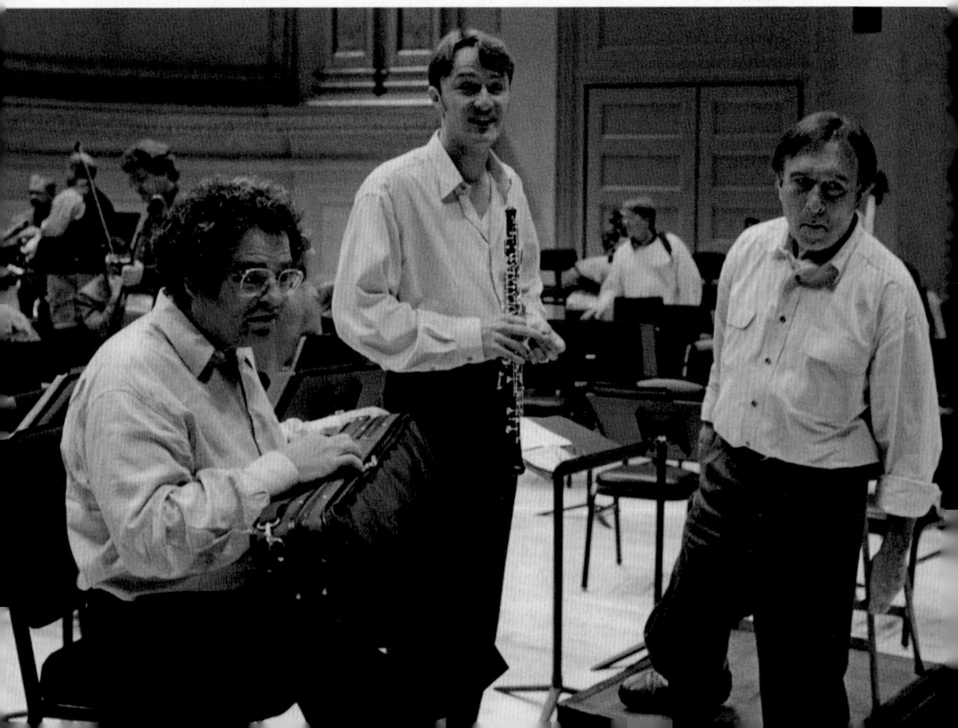

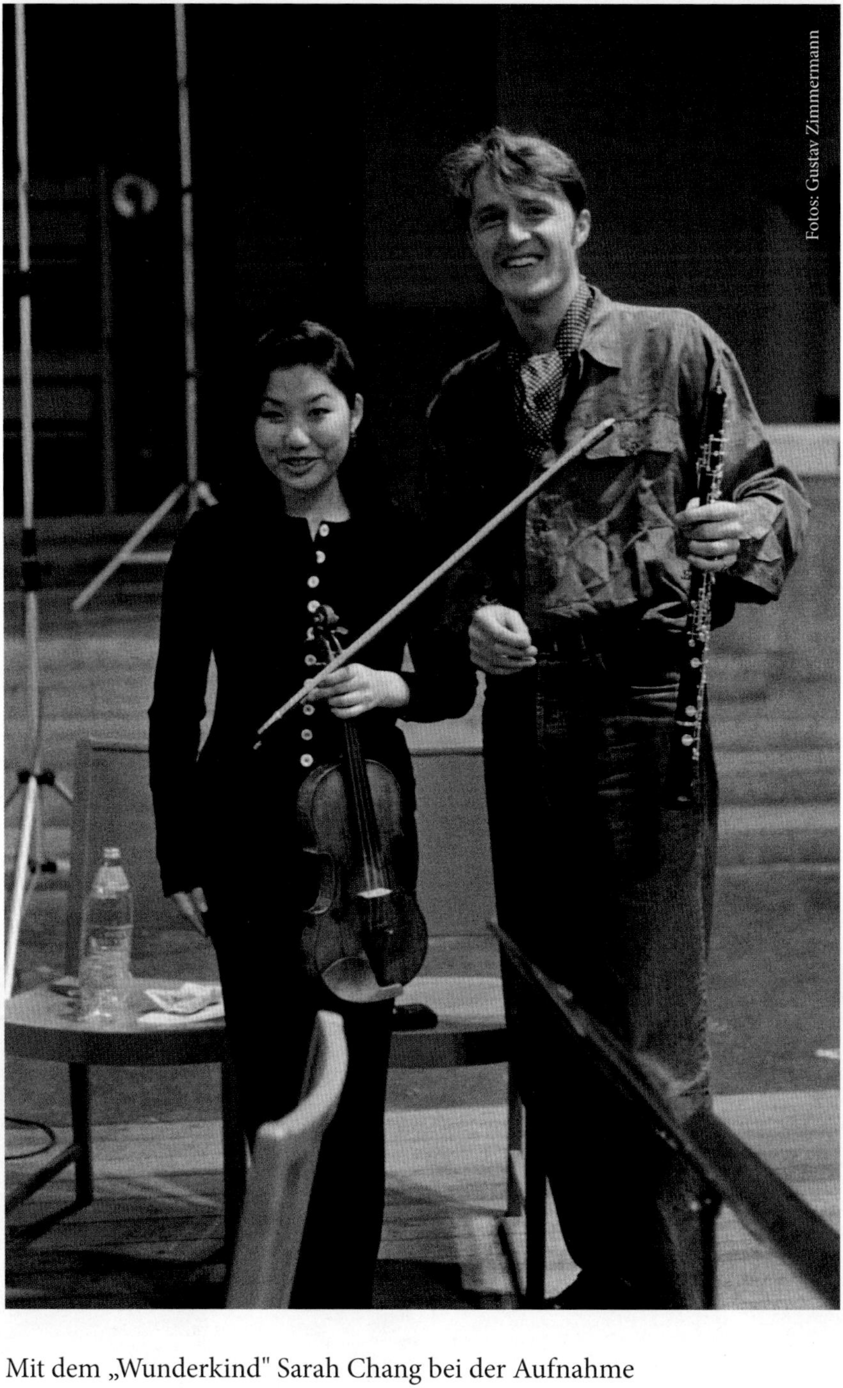

Mit dem „Wunderkind" Sarah Chang bei der Aufnahme
in der Jesus-Christus-Kirche in Dahlem.

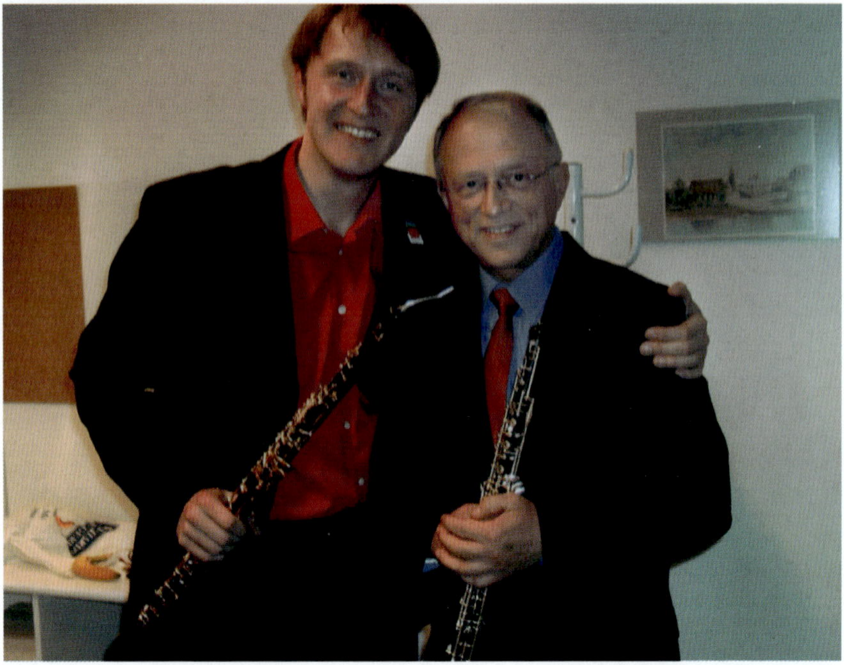

Mit meinem wunderbaren Lehrer und Motivator Gerhard Scheuer
bei der Verleihung des ETA-Hoffmann-Preises in Bamberg.

Gut gelaunt bei der Mozart-Aufnahme mit der einmaligen Sopranistin
Anna Netrebko und Claudio Abbado als Dirigent (nicht im Bild)
in Bologna.

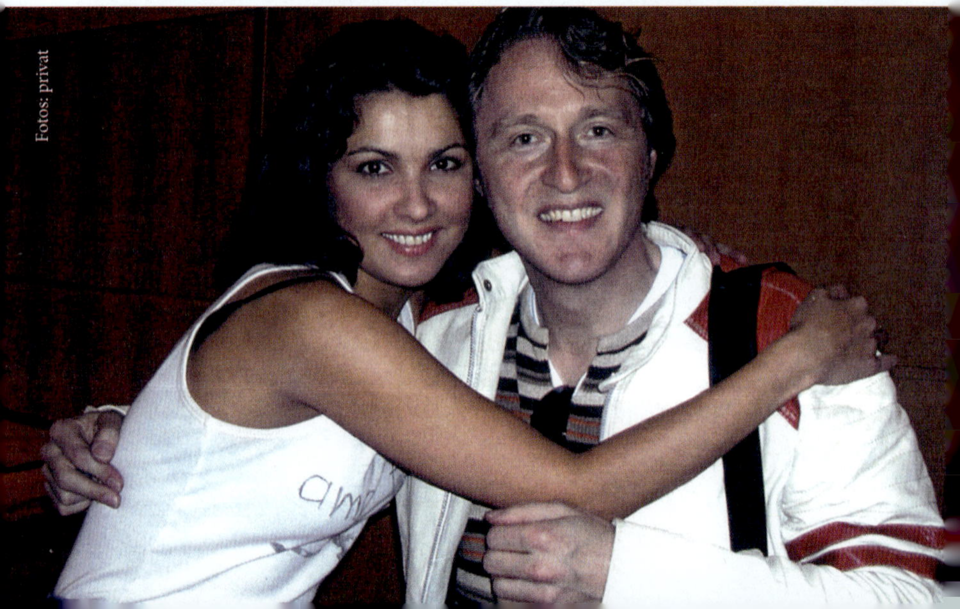

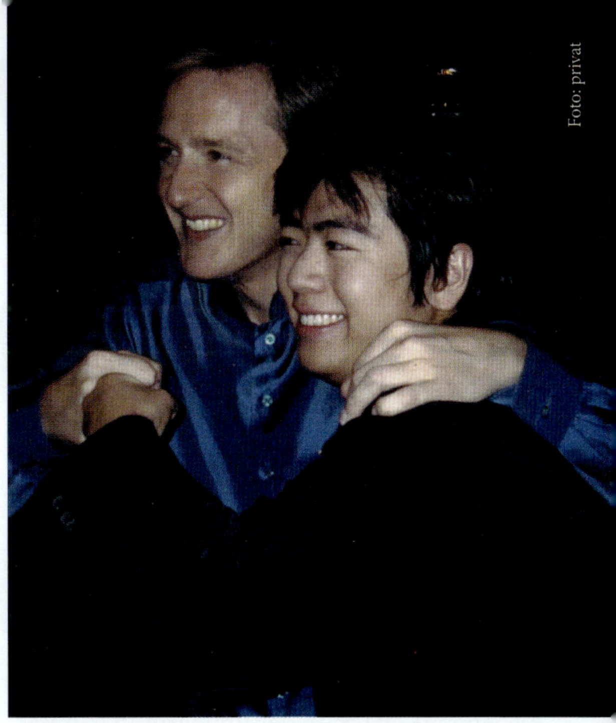

Die beiden glücklichen Echo-Preisträger: Ein Herz und Seele mit dem fantastischen Pianisten Lang Lang, 2004.

Nach unserer Aufnahme der Schumann-Romanzen im Studio mit der außergewöhnlichen Hélène Grimaud.

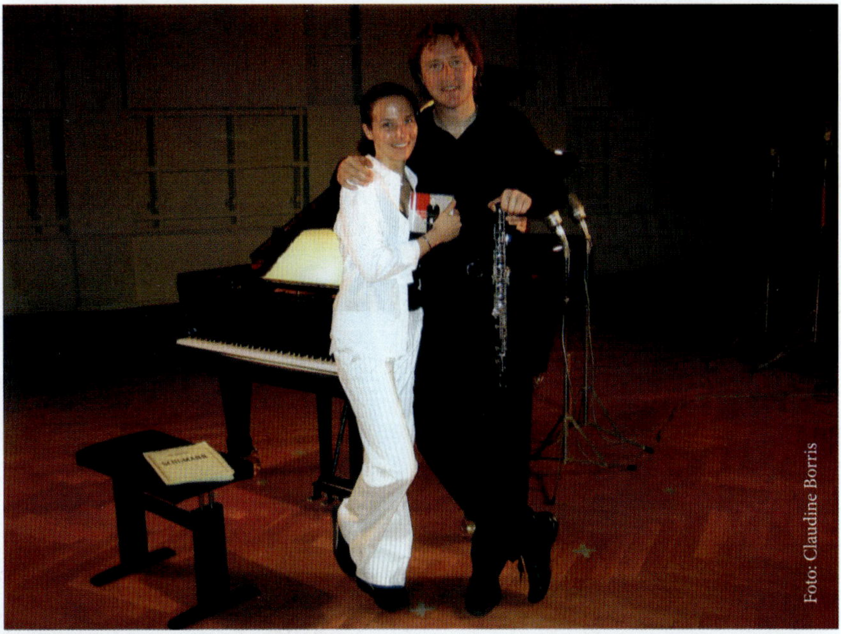

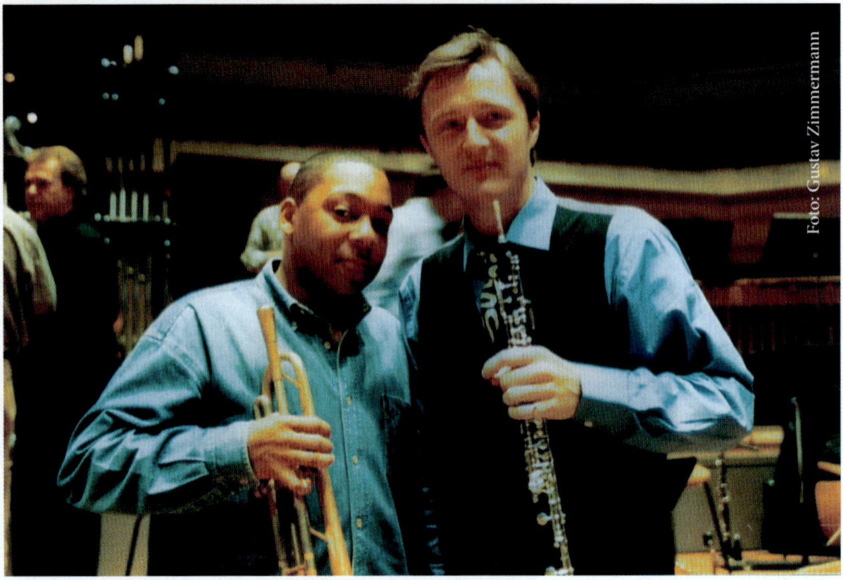

Best Buddies: Mit dem einzigartigen Trompeter Wynton Marsalis bei einem Konzert in der Philharmonie in Berlin.

Immer für einen Scherz zu haben: Mit meinem lieben Claudio in seinem Dirigentenzimmer in der Philharmonie.

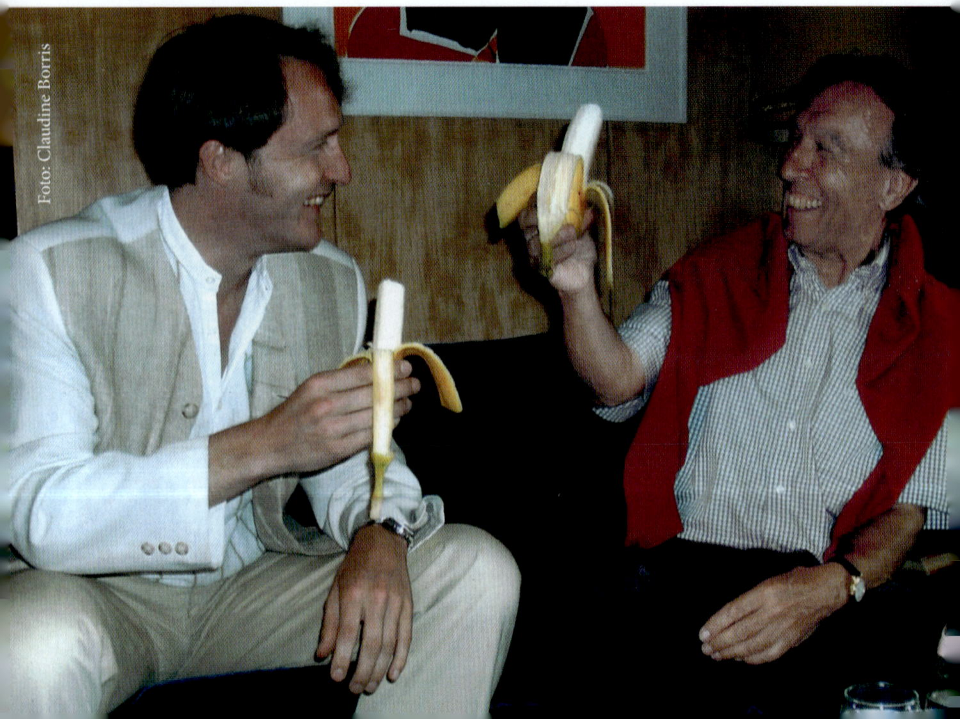

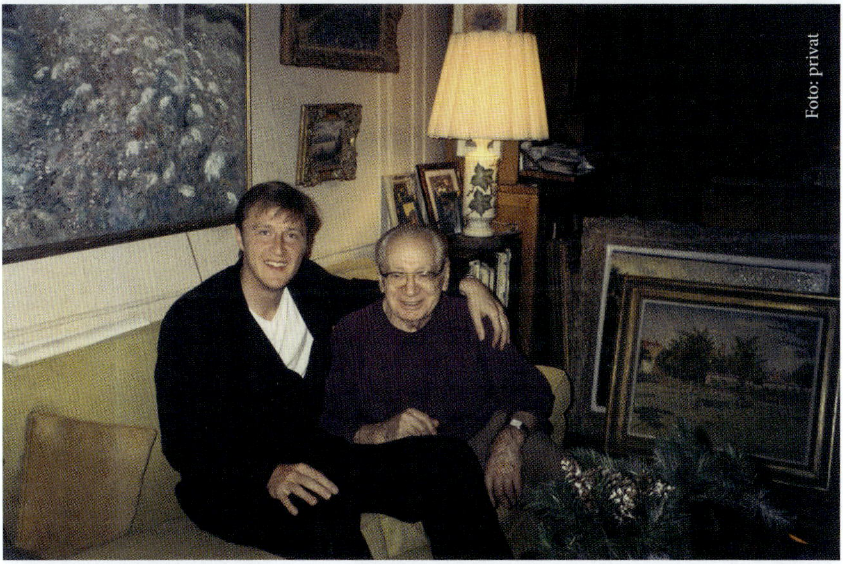

Foto: privat

Unter Künstlern. In der Wohnung meines lieben Freundes, dem Maler Alfred Zwiebel, in Queens, NY.

Ein ganz besonderer Moment: Mein erstes Konzert für den Heiligen Vater Papst Benedikt XVI. in Castel Gandolfo im August 2009.

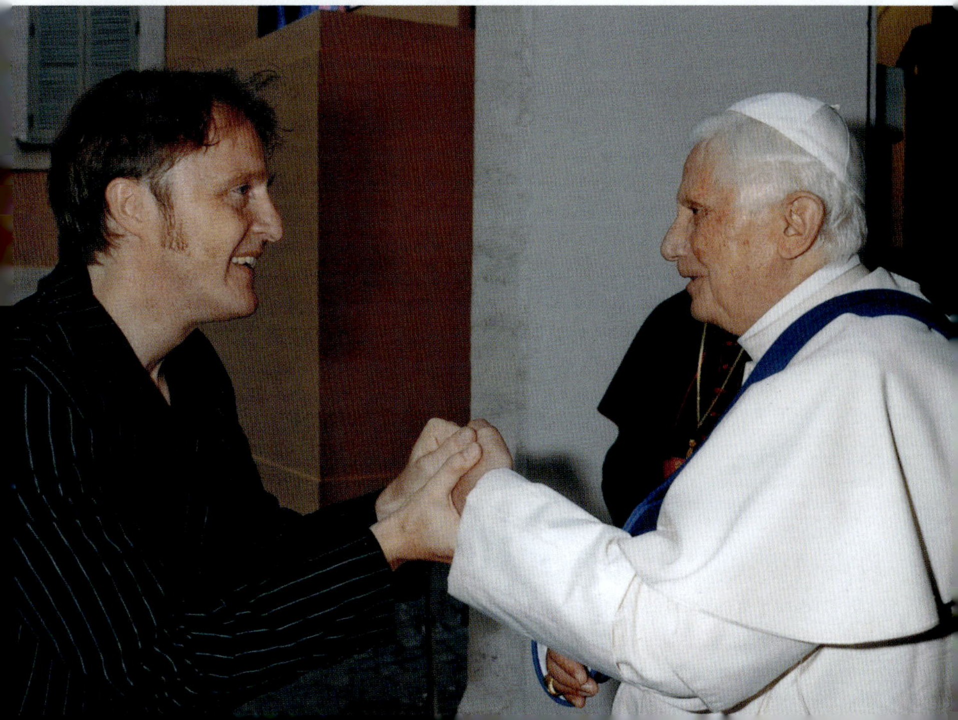

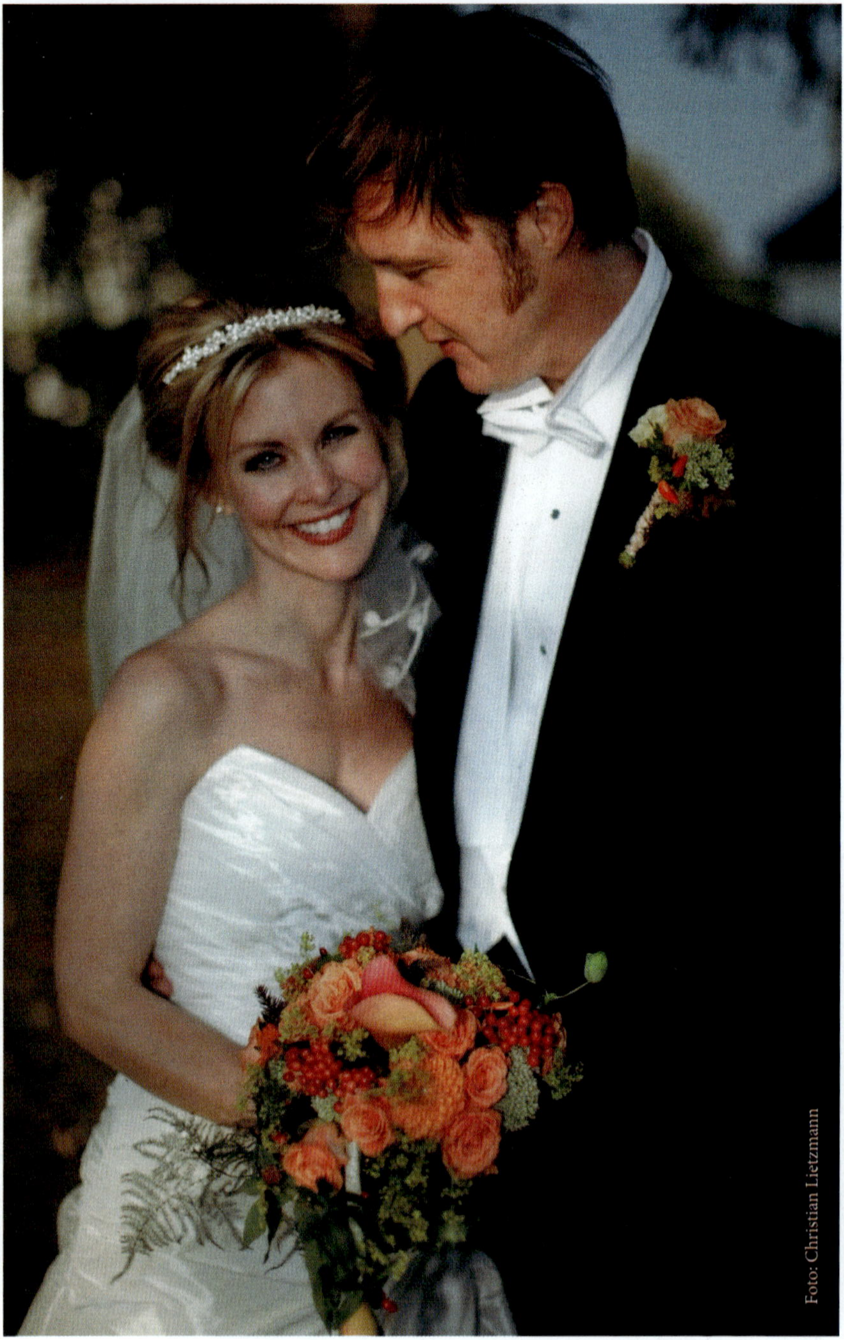

Endlich die Richtige gefunden! Der schönste Tag meines Lebens mit meiner Frau Alexandra. 2009

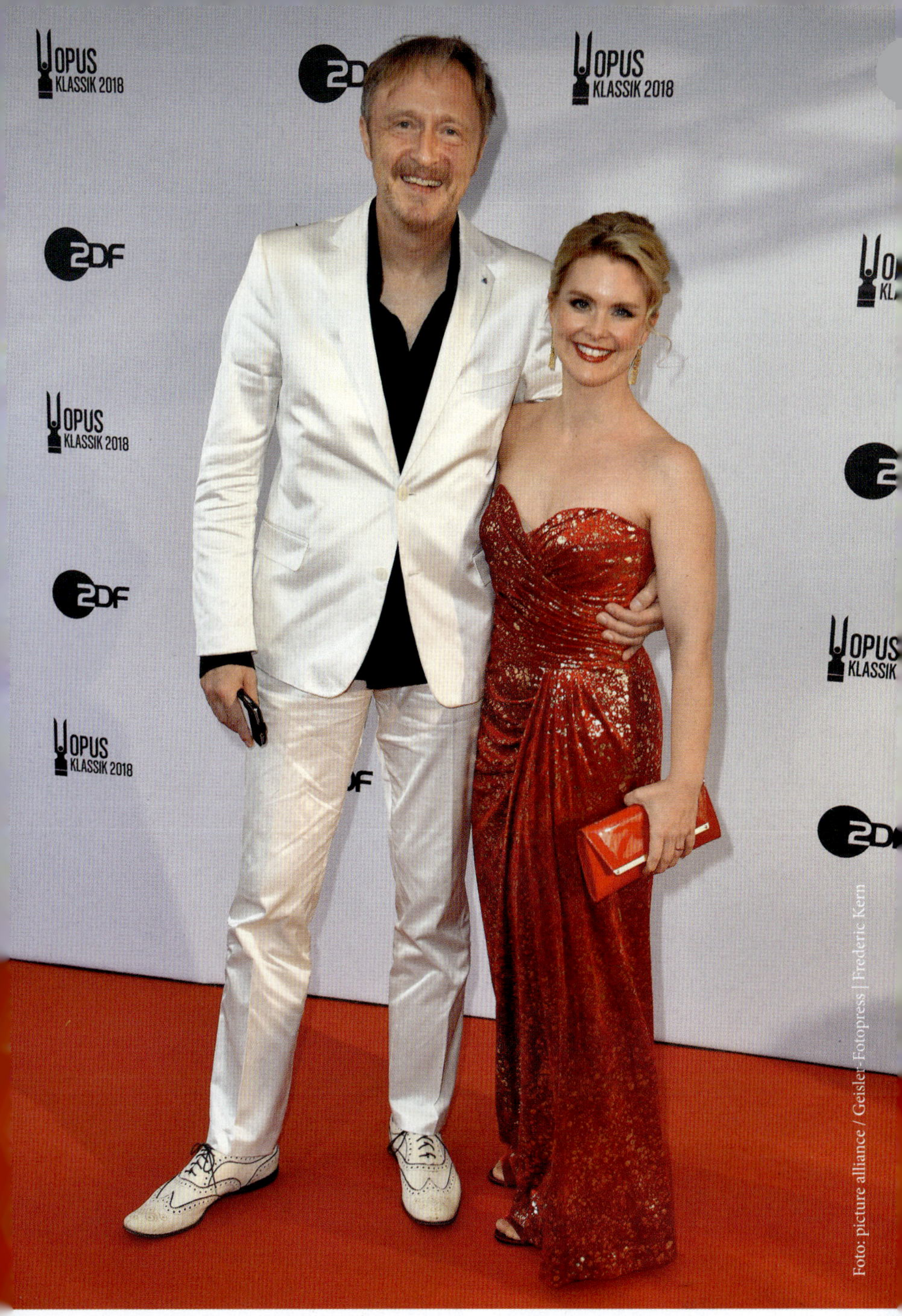

Foto: picture alliance / Geisler-Fotopress | Frederic Kern

Mit meiner Frau bei der Opus-Klassik-Verleihung 2018 in Berlin.
Der rote Teppich vor dem Konzerthaus am Gendarmenmarkt.

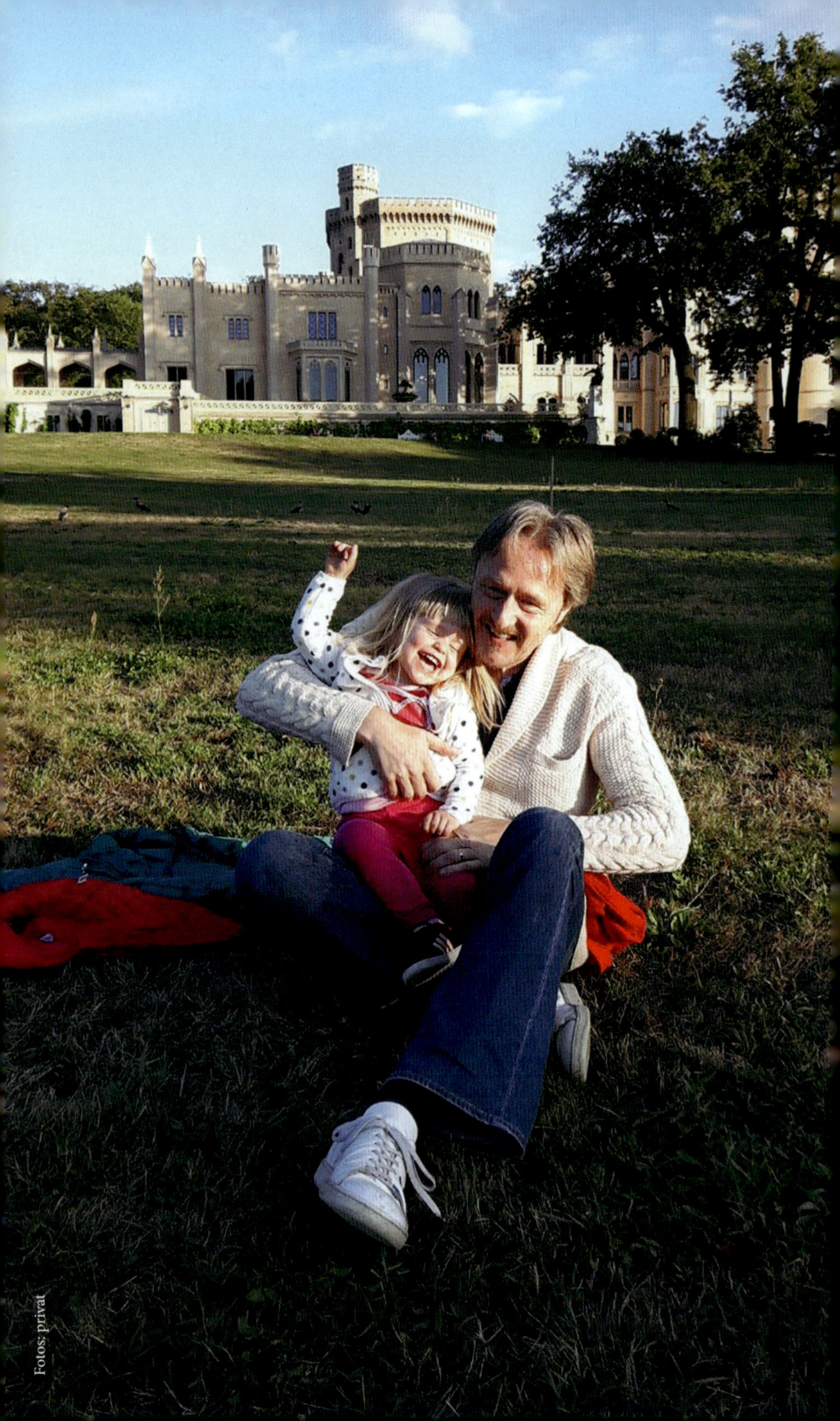

Fotos: privat

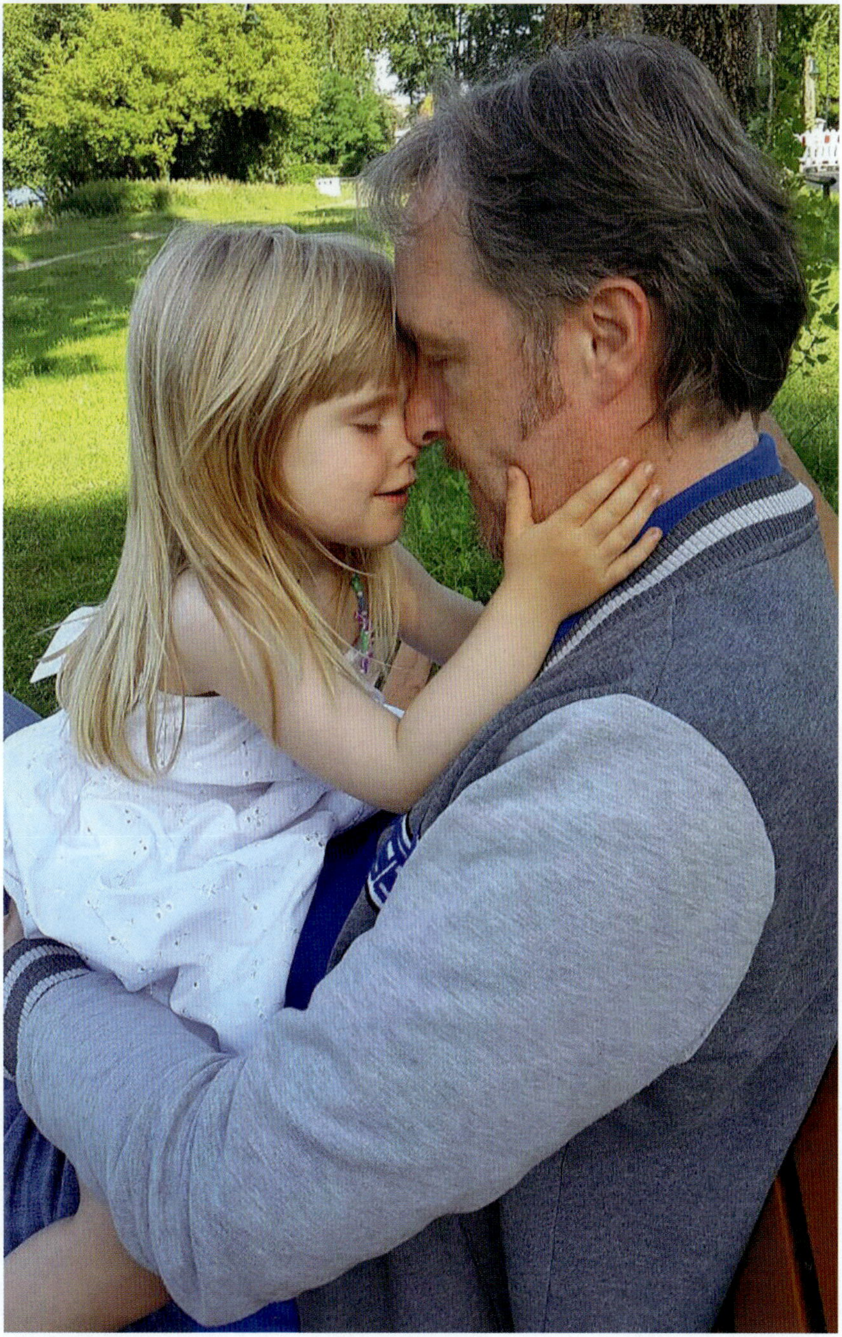

Die Krönung meines Lebens. Mit meinem Engel Laura
im Schlosspark Babelsberg.

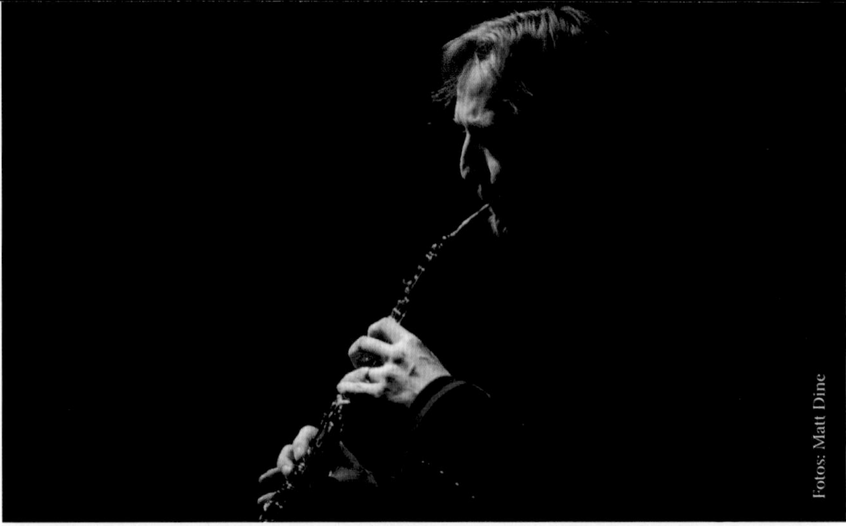

Bei der Probe für mein Konzert in der Carnegie Hall in New York 2011.

Musikalischer Höhepunkt: Das Richard Strauss Oboenkonzert mit dem Orpheus Chambers Orchestra in der Carnegie Hall 2008.

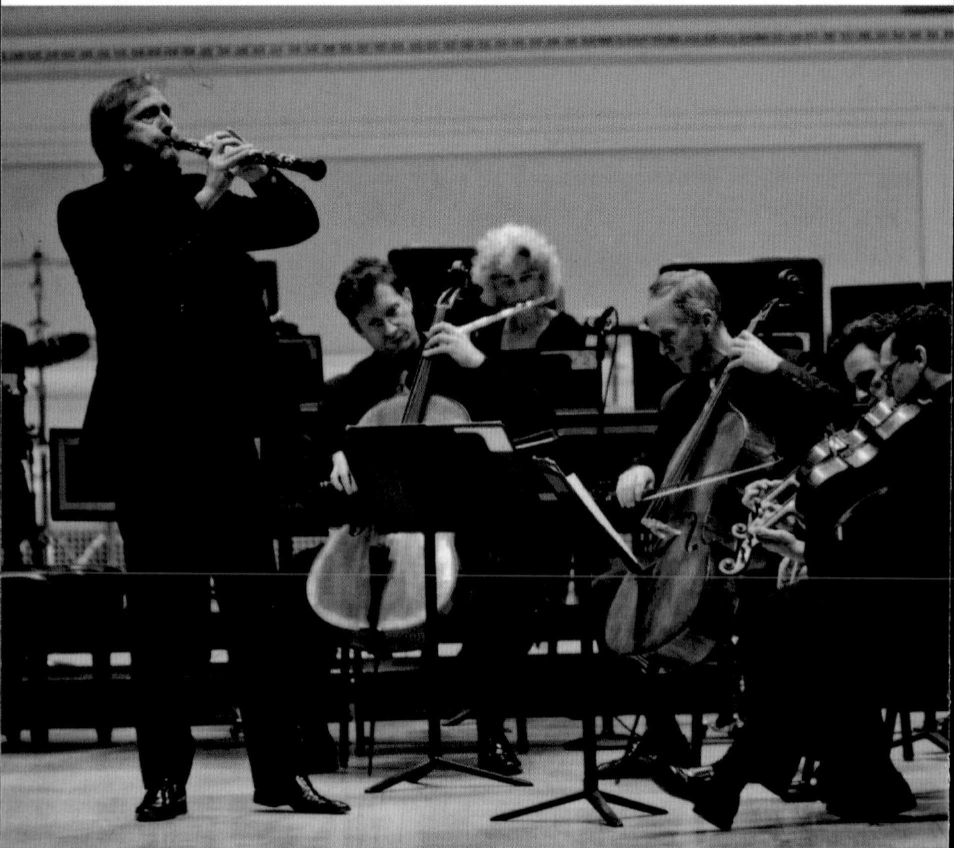

7

Der Gesang der Oboe

„Wie wäre es, wenn wir gemeinsam eine ganz neue Oboe bauen, wie es sie noch nie vorher gegeben hat?" Endlich wusste Ludwig Frank mich mit den richtigen Worten zu ködern. „Du wirst der Entwicklungsdirektor. Erst, wenn du sagst, es ist gut, gehen wir damit in die Produktion."

Viele Jahre lang hatte der Instrumentenbauer beharrlich versucht, mich davon zu überzeugen, doch eines seiner Instrumente zu spielen. Und viele andere Manufakturen hatten es ihm gleichgetan. Ich war mir lange unschlüssig. Doch Ludwigs einzigartiger Vorschlag der Carte blanche gefiel mir so sehr und reizte mich derart, dass ich mich nach Jahrzehnten, in denen ich französische Oboen gespielt hatte, zum ersten Mal ernsthaft fragte, ob ich mich vielleicht doch für eine deutsche Manufaktur entscheiden sollte.

Viel mehr als ein Werkzeug

Das Instrument ist für einen Musiker nicht nur ein Werkzeug, das er für seinen Beruf benötigt. Das Instrument begleitet einen Musiker meist mehrere Jahrzehnte oder sogar ein Leben lang.

Vor jedem Konzert, wenn ich mich einspiele und meinen Atem durch meine Oboe strömen lasse, wärme ich sie an. Ich werde eins mit ihr. Die Oboe ist dann nicht nur eine Verlängerung meiner

Atemwege, meines Brustkorbs und meines Resonanzkörpers, sondern sie wird – man möge mir diese Allegorie verzeihen – zu einer Art ausgestülptem Rüssel. Ich habe schon von einigen Kollegen gehört, wie sie ihr Instrument „bedienen“. Meine Herangehensweise ist eine andere: Ich lasse meine Oboe zu einem Körperteil von mir werden.

Je älter ich wurde, desto mehr habe ich die Notwendigkeit gefühlt, unmittelbar bevor ich auf die Bühne gehe, die Oboe zu vokalisieren. Ich singe mich also, kurz bevor ich auf die Bühne gehe, mit der Oboe warm. In meiner Erinnerung sehe ich wie durch ein kleines Fenster, wie vor nunmehr fast 40 Jahren Maurice Bourgue mir beim ersten Unterricht alleine vorspielte. Während dieses erhabenen Moments konnte ich fühlen, sehen, hören, wie seine Oboe ebenfalls zu einer Verlängerung seines Körpers geworden war.

Als ich ein Kind war und begann, die Oboe zu spielen, hörte ich immer wieder, dass das Instrument mit Mängeln behaftet sei. Frei nach Richard Strauss: „In der Höhe ist die Oboe scharf, dünn und schneidend und in der Tiefe hart und patzig.“ Viele Musiker, die ihr Instrument nicht gut beherrschten, beriefen sich in ihren Ausreden auf eben diese scheinbaren Unabänderlichkeiten. Vor allem auf das Mundstück, unser sogenanntes Röhrchen, konnte man leicht ein wenig gelungenes Konzert schieben. „Das Rohr war nicht gut! Deshalb die schlechte Ansprache und der unschöne Ton…“

Schon als Elfjähriger beschäftigte ich mich eingehend mit meinem Instrument. Tatsächlich gibt es natürlich große Unterschiede. Meine erste Oboe war wirklich grauenhaft. Das kann man im Nachhinein sagen. Dabei stammte sie von Otto Winter, dem damaligen herausragenden Solo-Oboisten der Bamberger Symphoniker. Er hatte sie ebenfalls in seiner Jugend gespielt. Ich habe mich damals schon gefragt: „Wenn die Oboe als Instrument mangelhaft ist, warum wird dann keine bessere entwickelt?“

Mein erster Lehrer, Gerhard Scheuer, der mich so sehr für das Oboe-Spielen begeisterte, dass er die Grundlage für meine spätere Karriere schuf, hatte eine besondere Methode zu unterrichten. Schon nach etwa zehn Unterrichtsstunden gab er mir eine Liste von Werkzeugen mit und bat mich, meine Mundstücke ab jetzt selbst zu bauen. Er wollte mich schon früh auf mein Oboistenleben vorbereiten, mich unabhängig machen.

Das war sehr ungewöhnlich für die damalige Zeit. Denn es war üblich, dass Oboen-Schüler sich erst nach mehreren Jahren mit ihrem Mundstück auseinandersetzten. So weckte mein überaus verehrter Lehrer in mir den Experimentier- und Erfindergeist. Ich suchte immer wieder nach neuen Materialien, aus denen ich ein Mundstück bauen konnte. Einmal versuchte ich es sogar mit dem Kiel einer Schwanenfeder, die ich gefunden hatte.

Das Mundstück einer Oboe besteht an oberster Stelle aus zwei sehr dünnen Blättchen, den Labien, die auf ein konisches Messingröhrchen aufgespannt werden und beim Spielen gegeneinander vibrieren. Eine Klarinette oder ein Saxophon hingegen spielt man nur mit einem Blatt, das gegen das starre Mundstück vibriert. Ein Rohr selbst zu bauen, klingt einfach, erfordert aber große Geschicklichkeit. Diese Fähigkeit zu erwerben, dauert mitunter mehrere Jahrzehnte.

Die klassischen Röhrchen bestehen aus Arundo Donax, einem Schilfrohr, das vor allem in Spanien, Italien und Frankreich vorkommt. Es handelt sich dabei um ein Gewächs, dessen Härtegrad zwischen dem in Deutschland bekannten Schilf und Bambus liegt. Es ist also weder ganz weich noch ganz hart. Man könnte es mit sehr viel Kraft zwischen zwei Fingern plattdrücken.

Dieses Rohr muss zwei Jahre lang trocknen, bis es für ein Mundstück zu gebrauchen ist. Ein sieben Zentimeter langes Stück mit einem Durchmesser von etwa elf Millimetern wird der Länge nach gedrittelt und innen ausgehobelt, bis es eine Wandstärke von nur 57 Hundertstel Millimetern hat. Eines dieser drei Längsstücke, das einer winzigen Regenrinne gleicht, wird nun in der Mitte der Länge nach gefaltet. An der Seite, die der Oboist später im Mund hat, werden die Enden mit einem sehr scharfen Messer sehr dünn geschabt. Voilà, das Oboen-Röhrchen ist fertig! Wenn man nun kräftig hineinbläst, entsteht ein mehr oder weniger schöner Ton.

Doch damit nicht genug: Jeder Oboist braucht ein individuell zugeschnittenes Rohr. Denn wie man damit spielt, hängt von der Beschaffenheit vieler körperlicher Komponenten ab: Wie ist der Mundraum geformt? Wie der Gaumen? Wie stehen die Zähne? Welche Form hat der Schädel? Wo befinden sich die Stimmbänder?

Zwei Oboisten würden mit demselben Mundstück sehr unterschiedlich klingen. Seriell hergestellte Rohre aus Kunststoff zu verwenden, macht bisher für professionelle Musiker deshalb eher wenig Sinn. Die Zukunft wird zeigen, ob sich das ändern wird. Also gehört es zum Beruf des Oboisten weiterhin dazu, seine Rohre selbst zu bauen.

Mein lieber Lehrer Gerhard Scheuer pflegte zu sagen: „Wer ein guter Oboist werden möchte, muss ein guter Handwerker sein und mindestens einen Wäschekorb voller Röhrchen gebaut haben."

Musiker und Handwerker zugleich

Gut gebaute Röhrchen allein reichen natürlich noch lange nicht, um seiner Oboe schöne Töne zu entlocken. Selbstverständlich hängt auch viel von dem Instrument an sich ab. Es gibt riesige Qualitäts- und Klangunterschiede. Die ersten drei Jahre meines Oboen-Unterrichtes spielte ich auf meiner ersten, eben sehr grauenhaften Oboe. Doch dann wurde es höchste Zeit, etwas Besseres zu finden. Mein nächstes Instrument war ein damals sehr gebräuchliches Modell einer deutschen Manufaktur in Bad Nauheim. Mittlerweile war ich schon sehr gut im Konzertleben angekommen.

Der nächste Quantensprung sollte bei einem meiner Besuche bei meiner damaligen Freundin Margit in Paris, die dort Harfe studierte, stattfinden. Ich kaufte mir mit meinem mühsam ersparten Geld für etwa 4.500 DM meine erste wirklich gute französische Oboe. Instrumente der Manufaktur Marigaux waren damals die erste Wahl. Ein High-End-Instrument, würde man heute sagen. Doch für mich gab und gibt es nie ein Ende der Möglichkeiten. Das Bessere ist der Feind des Guten. Ich gebe mich nie mit dem zufrieden, was möglicherweise noch zu übertreffen ist.

So schön meine neue Oboe klang, merkte ich im Studium schnell, dass sie doch auch noch einige Nachteile mit sich brachte. Mir gefiel die Intonation, also die Stimmung der einzelnen Töne und ihr Verhältnis zueinander, nicht wirklich. Ich wusste, es müsse noch etwas Besseres geben. Auch, wenn ich mir zu dem Zeitpunkt gar keine andere Oboe hätte leisten können, hielt ich doch ständig die Augen offen.

Ich sprach über die Jahre hinweg mit allen möglichen Herstellern, probierte alle verschiedenen Oboen aus, die mir in die Hände fielen. Doch selbst auf der Instrumentenmesse in Frankfurt fand ich nichts, was mich begeistert hätte. So spielte ich auch während meiner Zeit bei den Bamberger Symphonikern noch mit meiner Marigaux.

In Berlin angekommen wendete sich das Blatt. Der Ruf der Berliner Philharmoniker, dem besten deutschen Orchester, öffnete mir auch in dieser Hinsicht Tür und Tor. Nun musste ich nirgends mehr hinfahren, musste nicht mehr suchen. Die Hersteller kamen mit ihren neuen Instrumenten auf mich zu. So wie erfolgreiche Sportler damit umworben werden, bestimmte Marken zu tragen oder zu testen, so wurde ich nun von den Instrumentenherstellern umworben. Denn wenn sich herumspricht, dass ein bekannter Musiker eine bestimmte Firma bevorzugt, ist das die beste Werbung für ihr Produkt.

Im Wettstreit um mich, als eine der Oboen-Galionsfiguren in Deutschland, machte die französische Firma Buffet Crampon aus Mantes, westlich von Paris, das Rennen. Auf dem Klarinettenmarkt war sie bereits weltweit sehr erfolgreich. Doch mich überzeugten auch ihre Oboen. Nachdem sie erfolgreich um meine Gunst geworben hatten, tauschte ich meine Marigaux schon im ersten Jahr bei den Berliner Philharmonikern gegen eine Oboe von Buffet Crampon.

Dieser Instrumentenbauer gehörte damals nicht zu den Marktführern. Aber ich hatte schon immer ein Faible für Nischenprodukte. Egal, ob es sich um Cola oder Schokolade handelt, ich entscheide mich grundsätzlich für den Underdog. Das schulde ich meinem inhärenten Revoluzzer-Geist, der immer gegen den Strom schwimmen möchte und der von einer Sehnsucht nach Gerechtigkeit angetrieben wird. Ich wollte auch unbekannteren Newcomern immer eine Chance geben.

Daran hat sich bis heute nichts geändert. Ich bin stets darum bemüht, einen Ausgleich zu schaffen und damit die Welt ein klitzekleines bisschen gerechter zu machen. Ob mir das jemals gelungen ist, soll dahingestellt bleiben.

Ich verbrachte immer wieder wunderschöne Tage bei Buffet Crampon in Mantes, um mit den Instrumentenbauern dort an meiner Oboe zu basteln. Schon nach kurzer Zeit klang meine neue Oboe für mich besser als alle anderen, die ich kannte. Ihr bin ich ungefähr 15 Jahre lang treu geblieben.

Oft wurde ich gefragt, warum der Solo-Oboist des wichtigsten deutschen Orchesters eigentlich seit Jahrzehnten auf französischen Instrumenten spiele. Warum keine Oboe, die in Deutschland hergestellt wurde? Könnte man nicht beweisen, dass die Manufakturen hierzulande der internationalen Konkurrenz das Wasser reichen können? Wäre das nicht ein gutes Aushängeschild für die deutschen Instrumentenbauer?

Als mir 2005 nach einem Konzert in Bratislava meine Oboe d'amore gestohlen wurde, läutete das tatsächlich eine neue Ära ein. Von einem Moment auf den anderen stand ich ohne mein geliebtes Instrument da.

Eine Oboe d'amore ist im Vergleich zu einer Oboe etwa sieben Zentimeter länger und ist eine Terz tiefer gestimmt. Sie steht also in A. Da ich mit meiner Oboe noch bei Buffet Crampon vertraglich gebunden war, dort aber keine Oboe d'amore hergestellt wurde, war der Grund und auch der Moment der Ablösung gekommen. Ich kam daraufhin mit der Firma Mönnig erst einmal wegen einer Oboe d'amore in Kontakt.

Den Instrumentenbauer Ludwig Frank kannte ich schon ewig. Während meines ersten Jahres in Berlin hatte er mir aus einer äußerst misslichen Lage geholfen. Mir war vor einem Konzert mein Instrumentenkoffer mit meinen beiden Oboen hinuntergefallen, als ich ihn schwungvoll vom Wohnzimmertisch nahm. Leider hatte ich übersehen, dass er nicht richtig geschlossen war. Also flogen die beiden Oboen in Einzelteilen in hohem Bogen durch den Raum.

Ich hatte keinen Ersatz. Es war Samstagabend. Kein Mensch war erreichbar, der die beschädigten Teile wieder ins Lot bringen konnte. Außer Ludwig Frank, der noch spät in seiner Werkstatt arbeitete. „Keene Sorge, Herr Mayer, det kriejen wir schon hin!“, beruhigte er mich. Er erklärte sich bereit, sofort mit seinem Werkzeugkasten in die Philharmonie zu eilen und meine Oboen wieder spielbar zu machen. So hat er mich gerettet.

20 Jahre später setzten wir nach dieser zufälligen Begegnung unseren gemeinsamen Weg fort. Schon bald nach der Oboe d'amore formulierten wir ein gemeinsames Ziel und begannen die Arbeit an der Entwicklung von einer für mich perfekten Oboe.

Nun war Ludwig Franks Chance gekommen: „Was für eine Oboe hast du dir schon immer gewünscht? Was würde dich glücklich machen?“ Soweit ich weiß, ist ein solches Angebot einzigartig in der Historie des Instrumentenbaus. Ich konnte und wollte es keinesfalls ausschlagen. Ich sollte entscheiden dürfen, was eine Oboe perfekt macht. Unglaublich. Alle Oboen, die ich bis dato gespielt hatte, hatten einen mehr oder weniger schönen Klang. Aber alle hatten bereits eine eigene Färbung, einen ähnlichen Klang und einen vergleichbaren Charakter.

Und so fuhr ich ein Jahr lang Woche für Woche in das ehemalige Pfarrhaus in Berlin Pankow, in der sich die Zweigstelle der Instrumentenmanufaktur Gebrüder Mönnig befindet.

Die perfekte Oboe

Doch wie beginnt man, eine völlig neue Oboe zu entwickeln? Ich wusste von Anfang an genau, was ich wollte: Meine Oboe sollte jungfräulich sein, einem weißen Blatt oder einer noch nicht grundierten unangetasteten Leinwand gleich, gleichzeitig so empfindlich, dass jede auch noch so kleine Färbung sofort auffallen würde.

Ich wollte auf keinen Fall ein Instrument entwickeln, das von Anfang an seinen eigenen Charakter hatte. Erst durch mein Spiel, durch meine Arbeit, mit meinen Mitteln und mit meinen physischen Möglichkeiten sollte die Oboe zu ihrem Klang finden. Ich wollte sie durch meine Vorstellung von Perfektion formen.

Von Geigern habe ich oft gehört, sie hätten sich ihrer Stradivari oder ihrer Amati-Geige unterwerfen müssen, bis sie ihre Schönheit preisgegeben hat. So sollte es mir nicht ergehen. Ich strebte das Gegenteil an. Ich wollte und will der Meister meines Instrumentes sein.

Meine Art zu spielen – spielen zu wollen – war der wesentliche Ausgangspunkt für die Entwicklung: Das Instrument sollte so beschaffen sein, dass ich mit geringem Aufwand möglichst viel Luft hindurch schicken konnte, dass ich beim Spielen also weniger Druck aufwenden musste, um das nötige Luftvolumen zu erreichen. Der Blaswiderstand sollte im Vergleich zu den gängigen Instrumenten, auch denen, die bisher von Ludwig Frank gefertigt worden waren, verringert werden.

Ich testete unzählige Oboen und wählte als Ausgangsmodell eine Oboe aus, die dieser Vorstellung und dem Klang, den ich damit anstrebe, am nächsten kam.

Der Körper der Oboe besteht aus drei aufeinander gesteckten Einzelteilen: Oberstück, Unterstück und Schallbecher. Sie werden aus dem tropischen Holz Grenadill gefertigt, das zu den härtesten und schwersten Hölzern der Welt zählt. Aufgrund seiner physikalischen Rohdichte ist es so schwer, dass es nicht auf Wasser schwimmt. Es wächst in den Savannengebieten des südlichen Ostafrikas, vor allem in Mozambique.

Im Vergleich zur Klarinette, die innen zylindrisch gebohrt ist, sind Oboen konisch gebohrt. Der Übergang von der engsten Stelle bis zur weitesten Öffnung erfolgt sukzessive. Die engste Stelle der Oboe hat oben einen Durchmesser von nur 3 Millimetern, die weiteste Öffnung unten am Schallbecher ist 3,7 Zentimeter breit. Die Wände der einzelnen Rohrteile sind bisweilen nur eineinhalb Millimeter dünn.

Dreh- und Angelpunkt bei der Entwicklung einer Oboe ist die sogenannte Innenbohrung. Nur die geringste Veränderung an jeder möglichen Stelle macht schon einen erheblichen Unterschied in Klang und Funktion aus.

Auch die Position der Bohrung der Tonlöcher, die die Tonhöhen bestimmen, spielt eine wesentliche Rolle. Entsprechend muss so auch die Mechanik der Klappen, die außen am Holz angebracht sind, angepasst werden. Diese Klappen, die für gewöhnlich aus einer Neusilber-Legierung gegossen werden, bedient der Oboist mit neun Fingern. Der zehnte Finger, der komplett in Ruhe ist, der rechte Daumen, dient nur zum Halten des Instruments. Die Klappen meiner Oboe allerdings sind zusätzlich vergoldet.

Auf einer Drehbank werden die einzelnen Oboenteile bei der Innenbohrung von Hand mit dem „Räumer“, einem konisch geformten Messer, das sich um sich selbst dreht, an bestimmten Stellen weiter geöffnet. Doch: Nur ein winziges bisschen zu viel und der Klang ist ein anderer und der erstrebte Effekt dahin.

Die Intonation, also das Verhältnis der einzelnen Töne zueinander, kann ich nach einer Veränderung noch in der Werkstatt mithilfe eines Stimmgerätes prüfen. Doch ob die Oboe als Ganzes so klingt, wie ich es mir wünsche, kann ich erst beurteilen, wenn ich sie in meiner gewohnten Umgebung, also im großen Saal der Philharmonie, teste.

Wie mischt sich ihr Klang mit dem der anderen Instrumente im Orchester? Wie hört sie sich in den akustischen Gegebenheiten vor Ort an? Wenn ich dann zu dem Schluss komme, dass das schon ganz gut klingt, ist das nicht genug. Es geht doch bestimmt noch besser! Ich fahre zurück zur Werkstatt und der scheinbar nicht endende Prozess von trial and error setzt sich fort. Es ist ein ewiges Pingpong-Spiel.

Das Publikum bekommt von den jeweils meist nur minimalen und dennoch für mich bedeutenden Veränderungen – hoffentlich! – nur wenig mit. Denn ich halte ja nicht schlagartig ein anders klingendes oder „besseres" Instrument in Händen. Nein, die Entwicklung ist so graduell, dass die Zuhörer sie im besten Falle kaum oder gar nicht wahrnehmen können.

An einem Punkt der Entwicklung haben wir uns für die serielle Produktion des „Albrecht Mayer Modells" entschieden. Es ist seither auf dem Markt erhältlich und kommt sehr gut an. Da Geschmack aber bekanntlich subjektiv ist, genau wie die Vorstellung von Perfektion, kann nur jeder Oboist für sich selbst entscheiden, ob mein Modell für ihn das passende ist.

Jede Neuerung braucht auch Zeit bis sie sich durchsetzt. Soll heißen, wenn die Oboe, so wie sie jetzt verkauft wird, für mich stimmt, dann muss das nicht für jeden gleichermaßen gelten. Aber jeder, der meine Art zu spielen schätzt und sich ihr annähern möchte, hat die dafür richtige Oboe gefunden.

Wenn man über Jahre an einem Prototyp arbeitet und dabei gemeinsam Höhen und Tiefen sowie manchmal auch Rückschläge erlebt, müssen die Charaktere zueinander passen. Ludwig und ich haben uns in den 30 Jahren, seitdem wir uns kennen, nie in die Haare bekommen. Ich denke das liegt daran, dass wir uns so ausgezeichnet verstehen und dass wir beide für die Entwicklung von Instrumenten brennen.

Wir teilen unsere Leidenschaft, es immer noch besser machen zu wollen. Wir lassen nie locker. Wenn etwas nicht funktioniert, machen wir eben so lange weiter, bis es das tut. Dann lächeln wir uns gegenseitig glückselig an. Dafür opfern wir gerne sehr viel Zeit und Herzblut. Ludwig sagt von sich selbst, er wäre einer der wenigen Instrumentenmacher auf der Welt, der das Instrument von der Seite der Musik aus entwirft, nicht aufgrund technischer Zeichnungen. Das ist ein Ausgangspunkt, den ich in jedem Fall unterstreichen würde.

So wie Ludwig Frank und ich sind auch die meisten anderen Musiker Perfektionisten. Ich strebe nach dem unendlich Besten. In jeder Hinsicht. Leider bin ich auch voller Ungeduld, diese Perfektion zu erreichen. Doch mein Ziel, die perfekte Oboe mitzuentwickeln, hat mich gelehrt, dass sich das widerspricht. Perfektion braucht Zeit.

Die meisten Instrumente wurden vor ein paar Jahrzehnten entworfen. Daran waren in einem zeitlich absehbaren Prozess

Instrumentenbauer und Musiker beteiligt, die irgendwann zum Schluss gekommen sind, dass der kleinste gemeinsame Nenner gut genug ist. Seither werden diese Instrumente gebaut und gespielt, ohne groß hinterfragt zu werden. Es ist fast so wie mit einem Mittelklassewagen: Man sagt sich: „Damit kann ich nichts falsch machen."

Mit Ludwig Frank aber habe ich mich in eine Entwicklung begeben, der wir keinen Endpunkt gesetzt haben. Auch nach ungefähr 15 Jahren Zusammenarbeit geht unsere Arbeit an der für mich perfekten Oboe weiter. Und wird wahrscheinlich nie enden. Uns geht es nicht nur darum, ein immer noch besser vermarktbares Produkt zu erschaffen.

Eine Oboe, die funktioniert und die sich verkaufen lässt, ist relativ schnell gemacht. Aber wir wollen ja nicht irgendeine andere Oboe auf den Markt bringen. Wir haben viel höhere Ansprüche: Wir wollen eine Oboe entwickeln, die besser ist als alles, was es in den vergangenen hundert Jahren gegeben hat.

Es ist wie mit gutem Brot oder exzellentem Wein: Der Teig muss lange gehen und der Wein muss noch viel länger reifen. Da ich von Natur aus ein ungeduldiger Mensch bin und es kaum erwarten kann, ein Ziel zu erreichen, muss ich mich immer wieder ermahnen, auf den Prozess der Entwicklung nicht allzu großen Druck auszuüben. Denn wir wissen es alle: Gut Ding will Weile haben.

Jede freie Minute verwendeten Ludwig Frank und ich also für „meine" Oboe, bis es endlich so weit war: „Albis Oboe", wie wir sie liebevoll nannten, war spielbereit.

Ihr Debüt erhielt sie an keinem geringeren Ort als der New Yorker Carnegie Hall. Dort habe ich sie 2008 aus der Taufe gehoben.

Letztendlich geht es mir nicht darum, nur das Instrument an sich zu perfektionieren. Mein Ziel ist es, mit dem für mich perfekten Klang alle Möglichkeiten der Oboe auszuschöpfen. Tief in meinem Herzen habe ich noch Größeres vor als das, was ich schon erreicht habe: Ich träume davon, noch ganz neue Klangwunder erspielen zu können.

Es existieren bereits unzählige Originalwerke für die Oboe, die ausschließlich für sie geschrieben wurden. Das Repertoire ist so riesig, dass es eigentlich für ein Musikerleben viel zu groß ist, als dass man sich jemals hindurch spielen könnte. Die Allegorie dafür ist der riesige Berg an Reisbrei, durch den man sich durchessen muss, um ins Schlaraffenland zu gelangen.

Doch selbst das ist für mich nicht genug. Ich habe in meinem Leben so viele Musiker auf anderen Instrumenten und so viele wunderbare Sänger gehört, deren Repertoire mich über alle Maßen angezogen hat. Ich habe das ganze Spektrum der klassischen Musik in mich aufgesogen. Doch immer wieder klangen diese neuen Melodien sofort in meinem Herzen nach, auch wenn sie für andere Instrumente oder für Stimmen geschrieben worden waren. Sehr oft dachte ich bei mir: „Das müsste doch auch wunderbar für die Oboe funktionieren!“

Die Faszination am Grenzgang oder gar der Grenzüberschreitung hat mich immer wieder dazu inspiriert, tatsächlich viele Stücke für die Oboe umzuschreiben oder zu adaptieren. Das fing schon sehr früh an, als ich gemeinsam mit meinem Schulfreund und Klarinettisten Martin Pfister erste Bach-Stücke für unsere Instrumente transkribierte. Schon damals galt für uns: Only the sky is the limit!

In allerletzter Konsequenz möchte ich mit der perfekten Oboe das Instrument als solches vergessen machen. Es soll sich in einer höheren Sphäre auflösen. Früher blies man in die Oboe wie ein Schmied, der auf seinen Amboss schlägt, grobschlächtig und vehement. Ich möchte meine Oboe weich und fließend spielen – nicht nur gut Oboe spielen, sondern auf ihr singen.

Vielleicht sind wir bald an unserem Ziel angelangt, das dafür passende Instrument zu entwickeln. Aber werden wir es je erreichen?

8

Durch Bach zu Gott

Ja, die Kraft der Musik hat mich geheilt. Nicht nur, dass ich Musik machen, mit meiner Oboe sprechen und singen darf, vor allem die Kraft der Kompositionen von Johann Sebastian Bach, Wolfgang Amadeus Mozart und Ludwig van Beethoven haben zu der Heilung der Verletzungen meiner kindlichen Seele beigetragen. Und noch heute stärken sie mich und helfen mir durch schwierige Stunden.

Sie heben mich aber auch in eine andere Sphäre meiner Wahrnehmung und meines Seins. Und sie geben mir die Kraft, mich selbst als Musiker für mein Publikum zu verströmen. Wie meine verehrten Musikerkollegen und die wunderbaren Dirigenten, mit denen ich mein Leben lang arbeiten durfte, so bedeuten mir auch diese Komponisten unermesslich viel. Sie alle bilden ein großes Ganzes, in dem mein musikalisches Wesen sich verankert.

Alle drei – Bach, Mozart und Beethoven – sind musikalische Götter, für mich persönlich die einzigen Originalgenies ihres Fachs bisher. Sie waren es in ihrer Blütezeit und sind es noch heute: konkurrenzlos. An ihren Alleinstellungsmerkmalen sind viele ihrer musikalischen Zeitgenossen verzweifelt. Viele Komponisten haben über Generationen hinweg gefragt: „Wie sollen wir jemals gegenüber solchen musikalischen Übervätern bestehen?!“

Diese drei Giganten haben die Musikgeschichte nicht nur geformt, sondern im besten Sinne überholt. Sie haben die bestehenden Vorgaben und Einflüsse der Musik ihrer Zeit in ihre Herzen aufgesogen und gleichzeitig mit ihrem unermesslichen Geist und ihrer unvorstellbaren Kreativität komplett erneuert. Die gängige Tonsprache war jeweils nach ihrem Schaffen und Wirken eine andere.

Alle drei waren ihrer Zeit voraus und haben für eine Transformation der Musik gesorgt. Ihre Werke waren tatsächlich nicht nur Neuerungen, sondern musikalische Revolutionen. Das trifft vor allem auf Beethoven zu!

Und im Gegensatz zu vielen anderen Komponisten haben sich diese drei niemals angebiedert, weder menschlich noch musikalisch. Sie wollten um jeden Preis unabhängig sein und haben aus diesem Grund auf die eine oder andere Bestätigung verzichtet. Sie wussten genau, wer sie waren und was sie konnten.

Verbunden hat die drei Komponisten zudem, dass sie religiöse Werke geschaffen haben, die eine einzigartige Überhöhung spüren lassen und wahrhaft in die Transzendenz deuten. Ich bin davon überzeugt, dass Gott durch diese Komponisten und ihre Werke zu uns spricht. Denn sie führen uns in eine Sphäre, die dem Höchsten gewidmet ist, egal welchen Namen er trägt. Sie wurden von Gott mit Sicherheit als Werkzeug ausgewählt, um eine Verbindung zu ihm herzustellen.

Wenn man Mozarts Requiem anhört, könnte man Gott nicht näherkommen – zumindest musikalisch. Mozart konnte sein Requiem selbst nicht vollenden, weil er vorher verstarb. Die Ehre der Fertigstellung kam Mozarts Schüler Franz Xaver Süßmayr zu. Auch die Kantate „Davidde Penitente“ (das Äquivalent zur bekannteren C-Moll-Messe) bringt uns ähnlich nahe zu Gott.

Dasselbe Gefühl überkommt mich, wenn ich Beethovens „Missa solemnis" oder die „Matthäus-Passion" von Johann Sebastian Bach höre oder spiele. Wer diese Stücke einmal erlebt hat, kann nicht anders als erschüttert sein ob ihrer religiösen Intensität.

Mir bedeuten besonders diese religiösen Werke so viel, weil ich davon überzeugt bin, dass wir Menschen eine übergeordnete Instanz brauchen, die nicht von dieser Welt ist. Danach sehnen wir uns letztendlich alle tief im Herzen. Für mich gibt es keine Atheisten oder Agnostiker. Für mich sind alle Menschen von Natur aus religiös. Auch wenn ich in meinem Leben viele Menschen getroffen habe, die das Gegenteil von sich behaupten.

Obwohl sich viele Menschen von der traditionellen Institution Kirche entfernt haben, sind sie Gott im Herzen dennoch nicht fern. Die Schöpfung hat uns den inneren Drang nach einer Gottessehnsucht in die Seele gebrannt. „Wenn du nicht an Gott glaubst, woran glaubst du dann?", habe ich oft Bekannte gefragt, die sich als Atheisten bezeichneten. Sie antworteten mir meist mit Naturphänomenen, die ihnen etwas bedeuten: das Meer, die Sonne, die Erde … „Siehst du …", antworte ich dann gerne. Genau das ist Gott. All das. Und noch so viel mehr.

Wenn ich gefragt werde, wo ich eigentlich am liebsten Konzerte gebe, ist meine Antwort ganz klar: „Ich spiele am liebsten in Kirchen." Dabei muss es keine Kathedrale oder eine Basilika sein. Ich spiele auch in der kleinsten Kapelle oder summe vor mich hin. Das kennt jeder, der mit mir einen geweihten Ort besucht hat.

Zum Beispiel gehe ich jedes Mal, wenn ich im Schweizer Engadin bin, zu der kleinen romanischen Kirche im Fex-Tal, neben der Claudio Abbado begraben ist. Dort spiele ich in seinem

Andenken und für alle Anwesenden. Ich fühle mich ihm in diesen Momenten in größter Dankbarkeit und Verehrung besonders verbunden.

𝄞

Besonders stolz macht es mich, wenn ich für die Oberhäupter der beiden großen christlichen Kirchen Deutschlands spielen darf. Ein Konzert vor dem ehemaligen Ratsvorsitzenden der Evangelischen Kirche Deutschland, Bischof Wolfgang Huber, bleibt mir in bester Erinnerung und natürlich die Konzerte vor Papst Benedikt XVI. Uns verbindet sein Bruder Joseph Ratzinger, der die Regensburger Domspatzen geleitet hat, und den ich noch aus meiner Regensburger Zeit kenne. Schon vier Mal durfte ich für den Papst spielen. Sowohl im Vatikan als auch im Castel Gandolfo, in der Sommerresidenz des Papstes.

Jedes dieser Konzerte war ein besonderer Moment. Doch einer meiner Freiluftauftritte dort im Innenhof der Residenz wäre fast zu einem Desaster mutiert. Dabei wollte ich dem Papst eigentlich nach dem Konzert nur meine Verehrung kundtun und ihn fragen, welche Zugabe ich für ihn spielen dürfe. Allerdings sollte man das vielleicht nicht mit einem Tippen auf die Schulter seiner Heiligkeit unterstreichen, wie ich es naiverweise und natürlich vollkommen politisch inkorrekt spontan tat. Dessen war ich mir aber in dem Moment einfach nicht bewusst. Innerhalb einer Millisekunde wurde es so mucksmäuschenstill im Hof, dass man den Herzschlag eines jeden Anwesenden – und es waren viele Geistliche, Journalisten und private Gäste des Papstes anwesend – hätte mitzählen können. Die Luft gefror. Selbst bei den sommerlichen Temperaturen, die damals gerade herrschten.

Meine Eltern, die auch dabei waren, erstarrten bei dem Anblick meiner unbedachten und eigentlich harmlosen Grenzüberschreitung zu Salzsäulen, wie sie mir später zu berichten wussten. Ihnen war wohl sofort klar gewesen, welche Konsequenzen dieser Fauxpas hätte nach sich ziehen können.

Ich selbst nahm vor allem das Klicken der dann entsicherten Waffen der Schweizer Garde wahr, die sie wohl jeden Moment auf mich gerichtet hätten – wenn nicht der umsichtige und äußerst verständnisvolle Papst Benedikt, in einen weißen Talar gekleidet, sich ruhig lächelnd zu mir umgedreht und sich für mein Konzert bedankt hätte. Alle Augen waren auf mich gerichtet. Es lag in der Luft: „Was tut dieser Wahnsinnige denn da?" Aber der Papst gab deutlich hörbar Entwarnung: „Bitte spielen Sie Bachs Sinfonia ‚Ich steh' mit einem Fuß im Grabe' für mich. Das würde mich sehr freuen."

Endlich das Signal der Entspannung: Aus allen Ecken, wie zu einem Chor synchronisiert, konnte man ein Stöhnen, Ächzen und Raunen vernehmen. Bei der Zugabe war ich etwas zittrig, aber sie erwärmte spürbar wieder die Luft.

Nach diesem Zwischenfall nahm das Protokoll wieder seinen wohlorganisierten Lauf. Und die Gäste hatten für den ganzen restlichen Abend ausgiebig Gesprächsstoff.

Sowohl vor der religiösen wie auch menschlichen Autorität der beiden Kirchenoberhäupter hatte ich stets großen Respekt. Doch eine Eigenschaft, über die beide gleichermaßen verfügen, hat mich besonders beeindruckt: Beide sprechen so geschliffen, ohne sich im Geringsten zu verhaspeln – ohne Konzept oder Teleprompter, scheinbar auch ohne Ghostwriter und vielleicht sogar ohne vorbereitet zu sein – so schien es – mit perfekt gesetzten Nebensätzen, mit Intellekt und Emotion. Jedes Mal, wenn ich einen der beiden sprechen höre, bin ich fasziniert. Was für ein Traum für uns Stotterer, so frei, so druckreif und doch so ungekünstelt reden zu können!

Eine andere Episode, die ich nie vergessen werde, spielte sich ebenfalls im Dunstkreis des Papstes ab, dieses Mal im Vatikan. Geplant war ein Konzert mit meinem Freund, dem Trompeter Franz Badura, in der Kirche Maria dell Anima an der Piazza Navona. Auf dem Programm stand auch hier Bach. Für den Tag vor dem Konzert war ich von seiner Heiligkeit zu einer besonderen illustren Runde eingeladen worden. Ich sollte nämlich gemeinsam mit wenigen ausgewählten Honoratioren als Ehrengast auf der Veranda des Petersdoms im Kreise des Papstes sitzen dürfen, während er eine Messe zelebrierte und eine Generalaudienz abhielt.

Ich flog also gemeinsam mit meiner Frau nach Rom. Wir waren sehr spät dran. Schon im Flugzeug holte ich mir auf Italienisch von einem weiteren Passagier, offensichtlich einem Römer, den Rat, wie man wohl am schnellsten und unkompliziertesten vom Flughafen zum Petersplatz käme. Ein Expresszug Richtung Hauptbahnhof und dann weiter mit dem Taxi sei wohl das Beste, riet man mir. Das klang sehr vernünftig. Der Expresszug allerdings war übervoll, denn offensichtlich wollten gleichzeitig mit uns unzählige Menschen genau diesen Zug zum Hauptbahnhof nehmen.

In Berlin waren es höchstens 10 Grad gewesen, in Rom herrschte mit etwa 25 Grad gefühlter Sommer für uns Deutsche. In eine dicke Lammfelljacke mit Kragen eingepackt stand ich nun also eingepfercht neben unzähligen Menschen und Koffern im Expresszug. Doch schon nach wenigen Minuten hielt der Zug abrupt mitten auf der Strecke an. Es waren Schafe auf den Gleisen. Nichts ging mehr.

Nur noch eine Stunde, bis die Messe beginnen sollte. Wie sollte ich das nur schaffen?! Mir sank das Herz in die Hose. Ich wollte natürlich auf keinen Fall dieses einzigartige Erlebnis verpassen. Nach ewigen Minuten tuckerte der Expresszug wieder los. Verspätet am Bahnhof angekommen, stürmten mit uns wohl Hunderte Reisende, die es alle gleichermaßen eilig zu haben schienen, auf den Taxistand zu. Doch dort hatte sich schon eine etwa 500 Meter lange Schlange gebildet.

„Komm wir nehmen die U-Bahn!“, hetzte ich meine Frau und mich. Denn in der Zeit ein Taxi zu ergattern war aussichtslos. Noch 35 Minuten. Eingehüllt in unsere „Polar“-Mäntel und bepackt mit unseren schweren Koffern eilten wir so schnell wir konnten in das Untergeschoss. Doch ein Ticket zu lösen, sollte uns vor die nächste Herausforderung stellen. Denn wir hatten beide kein Kleingeld dabei. Scheine wollte der Automat nicht nehmen. Ich begann schon, etwas panisch und unwirsch zu werden, als wir von einem hilfsbereiten Römer mit genügend Kleingeld versorgt wurden, um endlich ein Ticket lösen zu können.

Als wir an der Haltestelle Ottaviano San Pietro ankamen hatte ich noch genau 15 Minuten, um zur Messe rechtzeitig auf dem Petersplatz zu sein. Meine Frau, die einen kühlen Kopf bewahrt hatte und genau wusste, wie wichtig mir diese Erfahrung war, machte schnell einen Plan: „Ich setze mich mit unseren Koffern in dieses Café, Du ziehst dich hier um und rennst zum Petersdom.“

Gesagt, getan. Wer Rom kennt, weiß, wie schmal die Bürgersteige in der Altstadt sind. Auf genauso einem Bürgersteig öffnete ich inmitten eines Stroms von Passanten, die allesamt Gläubige zu sein schienen und wohl das gleiche Ziel hatten, meinen Koffer, holte meinen schwarzen – fast schon Talar-artigen – Anzug heraus und zog mich vor aller Augen bis auf die Unterhose aus und dann in meinen feinen Zwirn wieder an. Das tat ich in einer solchen Hast, dass ich Gott sei Dank nicht zu einer öffentlichen Belästigung werden konnte.

Sofort lief ich los und rannte in Windeseile Richtung Petersplatz. Da ich in meinem Outfit wie eine Art Hilfspriester aussah, ließen mich die Leute scheinbar aus Respekt schnell passieren. Ich hatte wohl eine besondere Mission zu erfüllen, mussten sie denken. Eine letzte Ölung oder Ähnliches.

Abgehetzt und schweißgebadet erreichte ich, durch die Massen der vielen Tausend Gläubigen, die auf dem Platz auf den Segen des Papstes warteten, die Absperrung der Passage, die zum Petersdom führte. Etwa drei oder vier Minuten vor Beginn der Messe.

Als ich den Schweizer Gardisten, der dort Wache hielt, auf Italienisch ansprach und ihm verkündete: „Ich bin Albrecht Mayer. Ich muss da hoch!" und zum Balkon des Papstes zeigte, lächelte er mich etwas mitleidig an und antwortete auf Schweizerdeutsch: „Ja, da wollen wir alle hin." Nein, nein, so sei das nicht, ich hätte eine Einladung, er solle doch bitte seinen Vorgesetzten informieren, versicherte ich ihm, so schnell sprechend wie ich konnte, nun auch auf Deutsch. „Die da oben warten auf mich!", flehte ich.

Das alarmierte den Gardisten nun doch. Er erbarmte sich meiner und sprach etwas in sein Sprechfunkgerät. Seine Gesichtsfarbe änderte sich schlagartig. „Ja, sofort. Ich bringe ihn hoch, toute suite, subito, verstanden!", hörte ich ihn nun unterwürfig antworten, als er die Absperrung für mich öffnete. Ein kurzes Handzeichen seinerseits genügte: Drei andere Gardisten nahmen mich in ihre Mitte und führten mich unter den fassungslosen und sicher auch etwas neidischen Blicken von Zehntausenden Gläubigen in Richtung des Pavillons für die Heilige Messe.

Auf der Veranda angekommen, war genau noch ein Platz frei. Meiner. Kaum hatte ich Platz genommen, kam der Heilige Vater heraus. Ich war selten erleichterter im Leben gewesen als in diesem Moment. Ich werde den Blick vom Balkon des Petersdoms auf die Menschenmasse unter uns und den Segen des Papstes Benedikt XVI. für uns alle nie vergessen.

Das Konzert am folgenden Tag war ein großer Erfolg. Ohne Hetze, ohne Komplikationen, ohne Stress. Es machte mich glücklich zu wissen, dass Bachs Musik nun die römische Frühsommernacht erfüllen würde.

Obwohl die drei Komponisten Bach, Mozart und Beethoven vieles gemeinsam haben, unterscheiden sie sich doch in der Art, wie sie gelebt und ihren Platz in der Gesellschaft eingenommen haben.

Bach hat sein Leben ausschließlich dem Dienst an Gott gewidmet. Ansonsten hat er relativ angepasst an die Gesellschaft gelebt. Mozart und Beethoven hingegen haben es expressis verbis verabscheut, sich in vorgegebene Gesellschaftsmuster einzufügen. Wir würden sie heutzutage eher als Außenseiter bezeichnen.

Wenn man eine Art Psychogramm von Mozart entwerfen wollte, würde ich ihn meiner Einschätzung nach als häufig schwankend zwischen „himmelhoch jauchzend“ und „zu Tode betrübt“ beschreiben.

Beethoven hatte schon als junger Mann damit zu kämpfen, dass sein Gehör bereits dramatisch nachließ. Er versuchte, sein gequältes Herz damit zu trösten, dass er zunehmend billigem Wein, versetzt mit Bleizucker, zusprach. Allerdings machte das alles schlimmer. Sein Leiden wurde durch seine zunehmende Abhängigkeit vom Alkohol mit der Zeit nur noch verstärkt.

Sowohl Mozart als auch Beethoven bewegten sich aufgrund dieser Eigenheiten oft am Rande der Gesellschaft. Laut Zeitzeugen sind sie in ihrer Umgebung immer wieder negativ aufgefallen, sowohl beruflich als auch bei ihren vertrauten Menschen. Sicherlich wurden sie deshalb damals nicht selten mit Argwohn betrachtet.

Ich habe mich in meinem Leben auch öfter als Außenseiter gefühlt. Mir sind deshalb alle drei Komponisten gerade wegen dieser ausgeprägten Wesenszüge besonders sympathisch. Ich fühle mich mit ihnen nicht nur musikalisch, sondern auch charakterlich stark verbunden.

Bachs Spiritualität

Man muss Menschen mit heilenden Kräften nicht unbedingt persönlich treffen. Manche von ihnen können durch ihre Leuchtkraft selbst über Jahrhunderte hinweg Menschen noch beeinflussen und lenken. Das trifft im Religiösen zu, aber auch im Musikalischen. In der Freude wie in der Verzweiflung – Bach hat mir musikalisch einfach alles gegeben, was ich brauchte. Und das tut er noch heute. Bach bedeutet mir alles. Seine Musik ist auch der Schlüssel zu meiner Spiritualität. Es könnte also keinen wichtigeren Komponisten für mich geben. Durch ihn ahne ich etwas von dem Göttlichen. Durch ihn erfahre ich eine Transzendenz, die mir ansonsten meist verwehrt bleibt.

Ob in einer Kirche oder in einem Konzertsaal – der Ort ist unwichtig, für mich spricht Gott durch Bach. Ohne Bach wäre ich nicht der Musiker mit aller Tiefe und Differenziertheit und Durchlässigkeit, der ich heute bin. Ohne Bach wäre ich höchstwahrscheinlich ein anderer Musiker geworden.

Bach selbst hätte, ohne Musik zu machen, wohl kaum leben können. Sein Lebensmotto war aber sicher Soli Deo gloria. Das heißt, er hat sein ganzes Leben als Musikschaffender seinem Gott gewidmet. Wer seine Kantaten, Messen und Passionen anhört, spürt, dass Bach tiefe Verbundenheit mit Gott lebte. Man stößt dabei aber auch immer wieder auf eine vermeintliche Todessehnsucht in den vertonten Texten Bachs. „Endlich bin ich bei dir", „Wann nimmst du mich zu dir?", „Wann darf ich zu Rechten des Heiligen Vaters sitzen". Das deutet auf einen extrem religiösen und auch emotionalen Menschen hin, der es kaum erwarten konnte, endlich bei seinem Schöpfer zu sein.

Andererseits wirkt Bach auf mich sehr pragmatisch und nüchtern. Er musste es auch sein, wenn er Woche für Woche eine Kantate für den Sonntagsgottesdienst schreiben wollte. Er hatte sich in jedem Fall dem Dienst an Gott verschrieben.

Eine Verstärkung von Bachs religiöser Strahlkraft spüre ich jedes Mal an Orten, wo er gelebt und gewirkt hat. An einigen von ihnen durfte ich schon auftreten. Das wohl erhebendste Erlebnis hatte ich in Mühlhausen, wo er 1707 seinen Dienst als Organist an der Kirche St. Blasius antrat und ein Jahr lang blieb. In dieser Kirche drehte ich ein Video zu meinem zweiten Bach-Album. Ich verbrachte die ganze Nacht mit Spielen für die Aufnahmen. Allein mit mehreren Hundert flammenden Kerzen, die überall in der Kirche verteilt standen.

Als am nächsten Morgen die ersten Sonnenstrahlen durch die wunderschönen blauen Rosetten-Fenster in das Innere der Kirche fielen, glaubte ich mich auf der Schwelle zum Elysium. Denn ich befand mich in einem fast überirdischen, transzendenten Zustand zwischen totaler Erschöpfung von der Arbeit und der Nacht ohne Schlaf und einer Art Erleuchtungserfahrung. Die Bilder aus St. Blasius bleiben für immer in meinem Herzen.

Seine wohl kreativste Schaffensphase hatte Bach in Köthen, wo er von 1717 bis 1723 Kapellmeister am fürstlichen Hof war, bevor er weiter nach Leipzig zog. Auch ein Aufritt in Köthen bleibt mir in deutlicher Erinnerung: Mit einem Berliner Barockensemble musste ich nach einer relativ hektischen und kurzfristig angesetzten Probe ein ziemlich missglücktes Konzert hinter mich bringen, ausgerechnet mit einem Bach-Programm. Ich konnte die Unsicherheit, die zu diesem Zeitpunkt unter den Musikern herrschte, deutlich spüren und als Solist auch nicht wettmachen.

Ich war sehr unglücklich über diesen Auftritt. Vielleicht war der Grund für das wenig gelungene Konzert der, dass die einschüchternde Präsenz des großen Meisters an diesem Ort auf unseren Schultern lastete. Wie gerne würde ich einmal nach Köthen und an den für uns Musiker heiligen Ort zurückkehren und diese etwas verunglückte Erfahrung neu mit positiven Gefühlen und einem erstklassigen Konzert überschreiben.

Ein anderer lebenslanger, noch unerfüllter Wunsch ist es, in der Thomaskirche zu Leipzig aufzutreten. Bisher hatte ich einzig die Ehre, die Kirche bei einem Fotoshooting für eine meiner Bach-Alben zu betreten. Ich sehe mich mit dem Cembalisten Vital Julian Frey, mit dem ich für gewöhnlich zusammenarbeite, dort ein Werk Bachs spielen. Ich hoffe, dieser Traum wird in naher Zukunft wahr. Ich würde den Kirchenboden in Verehrung Bachs vor dem Konzert küssen, auf dass es seinen Segen aus den himmlischen Sphären erhalte.

Bach zu spielen oder aufzunehmen, bedeutet für mich jedes Mal auch viel Vorarbeit und Recherche. So bin ich selbstverständlich schon nach Eisenach, dem Geburtsort Johann Sebastian Bachs, gereist und besuchte dort das zu einem Museum umgestaltete

Bachhaus, das an sich schon eine Reise wert ist. Ich wollte unbedingt sehen, wo Bach aufwuchs, welche Stadt und welche Umgebung ihn als junger Mensch geprägt haben. Auf diese Weise glaubte ich, ihm noch näher zu kommen, ihn und seine Musik noch besser verstehen zu können. Tatsächlich war es besonders rührend für mich, die Schwellen zu übertreten, die auch Bach schon viele Male unter seinen Füßen gespürt haben muss.

Auch in dem wunderschönen Erfurt halte ich mich immer gerne auf und lasse den Geist von Bachs Familie auf mich wirken, der dort so lange schon weht. Die Verwandten Johann Sebastians bestimmten für lange Zeit als „die Bache" auch das Musikleben der Stadt. Sie waren dort als Stadtmusikanten und Organisten tätig. Ich freue mich schon auf meinen nächsten bereits geplanten Auftritt in Erfurt, bei dem ich nicht nur Oboe spielen, sondern auch dirigieren werde.

Meine Recherche beschränkt sich aber nicht nur auf Lebensorte Bachs, sondern natürlich auch auf seine Werke an sich. Bevor ich das Album „Voices of Bach" aufnahm, machte ich es mir zur Gewohnheit, über viele Monate hinweg jeden Morgen eine seiner Kantaten zum Frühstück anzuhören. Ich wollte so tief wie möglich in das riesige Konvolut von Bachs umfangreichem Werk eintauchen, damit ich die Essenz seines Musik-Machens in meinem Ausdruck mit der Oboe möglichst genau synthetisieren könnte.

Bei dieser täglichen Stoffsammlung wurde mir klar, dass ein Menschenleben wohl kaum ausreichen würde, das gesamte riesige Oeuvre Bachs zu durchdringen. Es gibt sicherlich nur sehr wenige Menschen, die alles von Bach kennen. Ich glaube, nicht einmal der wunderbare Nikolaus Harnoncourt hatte alle seine Werke parat.

Aber wenigstens durfte ich so viele Tage musikalisch überhöht beginnen. Immer, wenn ich das Glück habe, Bach zu hören, fällt es mir leicht zu lächeln. Meine Psyche wird ganz weich und durchlässig. Für eine gewisse Zeit scheint alles um mich herum hell und leicht.

Mozarts Verspieltheit

Mit Mozart ist es anders. Mit ihm verbindet mich nicht die Spiritualität und Disziplin, sondern die Verspieltheit seiner Kompositionen. Schon seit 50 Jahren hat seine Musik eine fast kindlich-paradiesische Wirkung auf mich. Als Kind durfte ich im Bamberger Domchor „Ave verum corpus" mitsingen und wurde wie alle nach der Mozart-Messe zu einem Eisbecher eingeladen. Paradiesisch eben.

Aber erst heute, so lange Zeit später, und nachdem ich Mozarts Werke viele Male gehört und gespielt habe, bin ich in der Lage, ihre unergründliche Tiefe zu erahnen. Im Vergleich zu anderen seiner zeitgenössischen Komponisten verwundert mich Mozart am allermeisten. Erst als versierter und erfahrener Musiker war ich fähig, ein Mozart-Album aufzunehmen, das der Sinnlichkeit Mozarts Rechnung trug. Es brauchte viel Erfahrung, Studium und Herzensbildung.

Wir alle kennen das: Wenn man eine Mozart-Melodie zum ersten Mal hört, geht sie sofort schmeichelnd ins Ohr und dann direkt ins Herz. Allerdings sieht man zu diesem Zeitpunkt nur die spiegelnde Oberfläche des Wassers. Erst wenn man über den Rand des Brunnens blickt, erkennt man, wie tief es noch nach unten geht.

Mozart schrieb die schönsten Melodien von allen Komponisten, aber vor allem mit der unglaublichsten Verarbeitung der Themen. Um diese innere Konstruktion zu begreifen, um die Kontrapunkte – also das Zusammenspiel von Melodie und Gegenstimme – herauszuhören, braucht man entweder sehr viel Hörerfahrung oder man muss Musik studiert haben.

Es ist verblüffend und faszinierend, dass Mozarts Harmonien für jeden und alles – Mensch, Tier, Pflanze – zugänglich sind. Doch sein wahres musikalisches Universum bleibt einem „normalen" Hörer lange Zeit verborgen. Je länger man sich jedoch mit Mozart beschäftigt, desto leichter fällt es, die vielen Dimensionen seiner Musik wie einen magischen Spiegel zu durchdringen. Ich brauchte dafür unzählige Stunden und mindestens 40 Jahre, in denen ich mich intensiv in die Partituren vertieft oder Werke Mozarts gespielt und dirigiert habe. Ich bin bis heute dabei zu lernen.

Mit Mozart verbinden mich insbesondere drei Orte. Vielen ist es gar nicht bewusst, dass Mozart aus einer bayrisch-schwäbischen Familie stammt. Sein Vater, Leopold Mozart, ist in Augsburg geboren und wurde dort auch musikalisch ausgebildet, bevor er sich in Salzburg niederließ, wo er bei dem Reichsgrafen und Salzburger Domherrn Johann Baptist von Thurn-Valassina und Taxis eine Anstellung fand. Sein berühmter Sohn besuchte die bayrische Heimatstadt des Vaters fünf Mal. Wolfgang Amadeus wurde 1756 in Salzburg geboren, damals ein unabhängiges Territorium. Er selbst bezeichnete sich mehrmals in seinen Briefen als „Teutscher", doch die Österreicher reklamieren ihn natürlich gerne für sich. Salzburg war aber erst ab 1816 Teil Österreichs. Genau gesagt müsste man ihn also als Salzburger bezeichnen, weder deutsch noch österreichisch, wenn man so will.

Mit dem Bayerischen Landes-Jugendorchester durfte ich viele wunderbare Proben-Arbeitsphasen im Bundesleistungszentrum in Augsburg erleben. Immer, wenn wir frei hatten, schlichen wir uns heimlich davon und zogen durch die Innenstadt, vorbei auch an Leopold Mozarts Geburtshaus. Damals sprach man gerne von Augsburg als der Mozart-Stadt und so empfand ich es damals schon: Hier sind Mozarts Wurzeln.

In Mozarts Geburtsstadt Salzburg aber fühle ich mich fast schon heimisch, so wie es Mozart war – so viele Male habe ich mich dort in den letzten 30 Jahren schon aufgehalten. Gefühlt habe ich unzählige Male mit den Berliner Philharmonikern an den Osterfestspielen teilgenommen. Aber auch als Solist hat es mich schon oft zu Auftritten mit der Camerata Salzburg und dem Mozarteum Orchester nach Salzburg gezogen. Jedes Mal, wenn ich mit diesen Super-Mozart-Spezialisten auf der Bühne stehe, spüre ich ein wohlig-aufgeregtes Kribbeln: Jeder klassische Weltstar hat mit diesen unvergleichlichen Ensembles schon gespielt. Es ist eine wirklich große Ehre.

Außerhalb der Festspielzeit erscheint mir die Stadt im Vergleich menschenleer. So kann ich mich, nicht abgelenkt von vorbeiziehenden Menschenmassen, viel besser in Mozart hineinversetzen, wie er wohl abends durch die Gassen der Altstadt geschlendert sein muss – die sich seit seiner Zeit architektonisch und städtebaulich so gut wie gar nicht verändert haben.

Ich stelle mir dunkle Nächte mit flackernden Laternen in den Gassen vor. Und auch, wie Mozart das eine oder andere Mal vielleicht angetrunken nach Hause torkelte. Denn auch das gehörte zu ihm.

Wirklich erfolgreich im heutigen Sinne war er als erwachsener Musiker nämlich nicht mehr. Er war anders als sein Vater, der stets zuverlässig dafür Sorge trug, dass sein noch sehr junger Sohn an den besten Fürstenhöfen auftreten konnte, damit die Einnahmen stimmten. Als Wunderkind ein international gefeierter Star, musste Wolfgang Amadeus später aber um jedes Engagement und um jede Gage kämpfen. Er konnte sich selbst nicht wirklich gut genug verkaufen. Er wollte sich einfach nicht anbiedern. Außerdem ging er mit seinem Geld verschwenderisch um. Er trank sehr oft zu viel und frönte leidenschaftlich dem Glücksspiel. Ähnlich seinem schwankender Charakter sah es auch in seinem Geldbeutel aus: Einmal prall voll und schon bald danach ganz leer.

Um Mozarts Musik verstehen zu können, möchte ich auch genau diese Lebensumstände verstehen, mich in sie hineinfühlen können. Deshalb ist die Salzburger Altstadt für mich außerhalb der Festspielzeit quasi wie ein Freilichtmuseum, wo ich für kurze Zeit in Mozarts Fußstapfen treten darf.

Schon immer habe ich davon geträumt, dass eines Tages eine gute Fee neben mir auftaucht und mich fragt, was mein sehnlichster Wunsch sei. Ohne zu zögern würde ich ihr erwidern: „Nur einen Nachmittag und einen Abend möchte ich mit Mozart verbringen dürfen. So gerne würde ich ihm bei seinem kreativen Schaffen über die Schulter schauen, mit ihm mehrere Flaschen Wein trinken und ihn hoffentlich erfolgreich darum bitten, für mich ganz persönlich ein Stück zu schreiben."

Man kann es sich denken: Das waren ja nun schon mehrere Wünsche und es ist auch keine Fee am Horizont in Sicht, leider. Aber als ich für mein neuestes Mozart-Album zum Fotoshooting als Mozart verkleidet durch Potsdam schlenderte und Passanten mich ansprachen: „Na, Herr Mozart, wie geht es Ihnen heute?", war ich wie aus heiterem Himmel dem Maestro so nahe wie noch nie. Es fühlte sich einfach traumhaft schön an.

Übrigens fühle ich mich mit den Salzburgern vor Ort – im Gegensatz zu Mozart, der mit ihnen laut seiner Aussagen überhaupt nicht klarkam – äußerst wohl. Ich empfinde die Salzburger als ausgesprochen liebevoll, extrem freundlich und hilfsbereit. Ich fühle mich in Salzburg immer wie ein König.

Auch privat war ich mit meiner Alexandra immer wieder in Salzburg. Ich habe ihr dort sogar meinen Heiratsantrag gemacht – mit 100 Kerzen in Herzform mitten in der Stadt. Ein unvergesslicher Moment! Bei unserer Verlobung auf dem Mönchsberg mit dem Blick über die Stadt war ich unendlich glücklich!

Mozart drängte in die Kulturhauptstadt Wien. Aber auch dort fühlte er sich nicht sonderlich wohl. Er hatte in seinem jungen Leben in Salzburg seine erfolgreichste Zeit, was die damalige Anerkennung und materielle Ausstattung anging, hinter sich, und suchte sein Heil im damals mondänen Wien. Doch er musste es bereuen.

Zwar erschuf er in Wien viele seiner genialen Werke. Aber wir wissen es alle: Am bitteren Ende reichte das Geld nicht einmal mehr für ein ordentliches Grab. Da, wo die Armen der Stadt begraben wurden, fand auch er seine letzte Ruhestätte.

Für mich ist es jedes Mal, wenn ich in Wien zu Besuch bin, ein bitterer Gedanke, dass dieser von göttlichem Odem beseelte Musikschöpfer in dieser Weltkulturmetropole zu seiner Zeit nicht die Anerkennung erfahren hatte, die ihm mehr als zustand. Diese Diskrepanz zu dem, wie sich die Wiener heute mit Mozart schmücken und wie sie ihn zu Lebzeiten behandelt haben, ist für mich schwer zu ertragen.

Beethovens Verrücktheit

Ludwig van Beethoven hat noch einmal eine ganz andere Wirkung auf mich. Bach beruhigt, besänftigt und tröstet mich. Mozart regt mich an und ruft meine spielerische Seite in mir hervor, er lässt meine Gedanken kreisen und mich eintauchen in die Vielschichtigkeit seiner Musik.

Doch Beethoven regt mich nicht nur an, seine teilweise animalische Urwüchsigkeit regt mich regelrecht auf. Seine Musik zeichnet sich oft aus durch rohe, ungebändigte Kraft.

Mozart hat viele Melodien komponiert, auf die andere Komponisten neidisch sein mussten. Im Gegensatz dazu haben das die meisten Zeitgenossen Beethovens wohl nicht gedacht. Beethoven selbst war ein begnadeter Improvisator am Klavier. Mit seinen Kompositionen, wie zum Beispiel seinen weltberühmten letzten Klaviersonaten, hat er gar ein vollkommen neues Genre geschaffen, denn sie befinden sich quasi außerhalb jeglicher klassischen Form.

Beethoven hat sich schlichtweg nicht mehr an die damals gängigen Regeln der Komposition gehalten. Er hat sich sogar gerne über sie hinweggesetzt. Musikalisch war er eine Art Revoluzzer, weil er auf eine Art und Weise komponiert hat, die sich andere zu seiner Zeit nicht getraut haben. Mit winzig kleinen Motivteilchen hat er einen ganzen musikalischen Kosmos erschaffen, in dem andere oft gar keinen Sinn sehen konnten. Das hat nicht wenige seiner Konkurrenten in den Wahnsinn getrieben.

Ob Sänger und Instrumentalmusiker in der Lage sein würden, seine Stücke zu spielen, war dem Meister zweitrangig. Zeit meines Lebens habe ich noch nie ein Sängerquartett die 9. Symphonie so singen hören, dass ich den Eindruck gehabt hätte, sie wären technisch dazu fähig gewesen. Die Partie ist schlichtweg unsingbar.

Schon zur Zeit Beethovens beschwerten sich Musiker bei ihm: „Zu schwer!“ soll der damals berühmte Geiger Ignaz Schuppanzigh, der eine Partie als unspielbar empfand, zu ihm gesagt haben. „Was kümmert mich seine elende Fiedel, wenn der Geist zu mir spricht?“, soll Beethoven ihn daraufhin angefahren haben.

Wolfgang Amadeus Mozart war da gefälliger, hat immer wieder Werke Musikern und Sängern quasi auf den Leib geschrieben. Beethoven hat das bis auf sehr wenige Ausnahmen nicht getan. Er schrieb absolute Werke, keine maßgeschneiderten.

Beethovens Musik, wie zum Beispiel die ersten dissonanten Akkorde der Coriolan-Ouvertüre, ruft in mir ein Echo einer Ur-Kraft hervor. Ähnlich wie bei archaischen Stammesrhythmen ziehen sie mich in ihren Bann. Beethovens Musik ist vor allem körperlich erfahrbar für mich. Oft landen ihre Klänge direkt in meinen Eingeweiden.

Neben dem physischen Element von Beethovens Musik fasziniert mich aber auch seine politische Haltung, vor allem sein ethischer Anspruch. Seine dritte Symphonie, die „Eroica“, widmete er anfangs dem von ihm sehr verehrten Napoleon, weil er ein glühender Anhänger der Ideale der Französischen Revolution war. Doch als er hören musste, dass Napoleon sich selbst zum Kaiser krönte, war er so enttäuscht und so angewidert von dessen vermeintlichem Verrat an der revolutionären Idee, dass er diese Widmung wieder zurücknahm.

Jedes Mal, wenn ich mit der Oboe die Melodie der „Ode an die Freude“ in der 9. Symphonie im Konzert anstimmen darf, schießen mir Tränen in die Augen. Diese geballte Kraft der Philosophie, dass alle Menschen Brüder werden könnten, ist größer als alles, was sich mit Worten beschreiben ließe. Das geht vielleicht nur mit der Musik Beethovens. Tief in meinem Herzen teile ich diese Idee der Völkerverständigung. Sie hat mich zeitlebens bewegt.

Mit einer Instrumentalisierung des Liedes durch politische Strömungen für eine vermeintliche Gleichmacherei bin ich allerdings nicht einverstanden. Die Freiheit des Einzelnen hört immer dort auf, wo die Freiheit des anderen droht, beschnitten zu werden. Nie darf ein Mensch oder eine Menschengruppe eine „Freiheit" in Anspruch nehmen, die einen anderen oder eine andere Gruppe dadurch einschränkt.

Als ich mit den Berliner Philharmonikern 2019 am Brandenburger Tor vor vielen Tausenden von Menschen auf der Straße des 17. Juni Beethovens 9. Symphonie spielen durfte, war die Luft auf jeden Fall erfüllt von all jenem, wofür der Meister musikalisch gekämpft hatte: Freiheit und Einigkeit für alle Menschen. Als der Chor mit Friedrich Schillers Worten ansetzte: „Seid umschlungen, Millionen …", war es wie immer um mich geschehen. Ein unvergesslicher Moment!

Ähnlich anrührend war ein Konzert 1992 im Konzerthaus am Gendarmenmarkt in Berlin. Ich war gerade als junger Mann bei den Berliner Philharmonikern angekommen, als ich den fantastischen Geiger Itzhak Perlman zum ersten Mal erleben durfte. Er kam mit seinen Krücken, die er aufgrund seiner Kinderlähmung zum Gehen braucht, auf die Bühne. Wie es mir erschien, positionierte er sich nur mühevoll an seinem Platz. Und dann setzte er, einer der herausragendsten Geiger der Menschheit, sein

Instrument an. Und spielte einfach göttlich Beethovens Violinkonzert, vielleicht das schönste, das geschrieben wurde.

Ein schwer Gehbehinderter spielte mühelos das Werk eines fast Tauben, beide wirkliche Genies. Was für ein Triumph über alles Beschwerliche, Hinderliche und Kranke!

Beethoven hat sein ganzes Leben gegen seinen Hörverlust angearbeitet, hat sich aber nicht davon abbringen lassen, wahrhaft einzigartige Musik zu schreiben. Die musikalische Welt schien sein Zufluchtsort zu sein. Aber offensichtlich hat er täglich aufs Schlimmste gelitten. Eine Analyse seiner Haarlocke hat ergeben, dass er unter einer starken Bleivergiftung gelitten hatte. Billiger Weißwein war zu seiner Zeit mit sogenanntem Bleizucker gesüßt. Seinen wichtigsten Sinn zu verlieren, musste das Schlimmste gewesen sein, was ihm hätte passieren können. Gerade deswegen fühle ich mit Beethoven.

Doch anders als der erwachsene Mozart führte Beethoven ein Leben im Erfolg. Auch Ludwig van Beethovens Familie stammte aus einer Gegend, mit der man sie landläufig nicht in Verbindung bringt. Beethoven wurde zwar in Bonn geboren, seine Vorfahren stammten aber aus Mechelen in Belgien. Die längste Zeit seines Lebens verbrachte er allerdings in Wien.

Beethoven verbinden wir mit einer Wiener Erfolgsgeschichte. Doch habe ich mich schon oft gefragt: „Wie konnte er sich als lebenslustiger, offener Rheinländer dort wohlgefühlt haben?“ Ich habe in Wien die Erfahrung gemacht, dass Deutsche dort nicht sonderlich beliebt sind. Tatsächlich scheint es Beethoven in seinem persönlichen Umfeld in Wien nicht so gut ergangen zu sein. Er konnte die Menschen, mit denen er täglich umgehen musste, nicht wirklich für sich gewinnen. Ständig lag er mit seinen

Nachbarn im Streit, sodass er allein in Wien mehr als 50 Mal umziehen musste.

Dennoch oder gerade deshalb mussten ihn die Wiener geliebt haben, wie ich es tue. Denn am Ende seines leidenschaftlichen Lebens begleiteten Tausende seinen Leichenzug, so als würde ein Triumphator zu Grabe getragen.

Die (für mich!) drei einzigen musikalischen Originalgenies Bach, Mozart und Beethoven waren letztendlich so begabt, dass man meinen könnte, sie seien nicht ganz von dieser Welt gewesen. Obwohl sie mindestens eigenbrötlerisch, zurückgezogen, auf sich selbst konzentriert lebten, haben sie ihre Musik allen Menschen geschenkt. Es drängt sich mir deutlich die Vermutung auf, dass Gott durch sie gesprochen hat. Alle drei haben quasi ohne Unterlass gearbeitet, haben jede Minute ihres irdischen Lebens dafür genutzt, das zu geben, wofür sie geboren wurden.

Keiner der drei ist mir musikalisch oder im Herzen näher als der andere. Ich glaube mich allen dreien, wenn ich das so sagen darf, seelisch verwandt. Ich meine, ihre Empfindungen nachspüren zu können, sie ein klein wenig zu verstehen. Die verschiedenen Aspekte ihrer starken Persönlichkeiten stoßen in mir auf deutlichen Widerhall. Ich kann mich vor ihnen nur in tiefster Verehrung und Dankbarkeit verneigen.

9

Der Kampf gegen die Scham

Für irgendetwas habe ich mich immer geschämt: Knochige Knie, schlaksiger Oberkörper, die Haare zu strohig, der Kopf zu rund. Wenn ich in den Spiegel sah, fand ich früher eigentlich alles an mir wenig ansprechend. Und dann noch dieses verhängnisvolle Stottern!

Schon als Kind und Jugendlicher habe ich mich immer gefragt, wie die anderen mich wohl sehen und wahrnehmen. Ich kam zu keinem allzu befriedigenden Schluss. Auch wenn es nicht der Wahrheit entsprach, war ich schon früh überzeugt: Alle um mich herum finden mich hässlich und lächerlich und können mich nicht leiden. Den Erwachsenen gehe ich häufig auf die Nerven. Nie werde ich zu einem Kindergeburtstag eingeladen. Nie beim Fußballspielen ins Gewinnerteam gewählt. Nie war ich Teil der coolen Clique. Alle anderen Kinder hingegen waren in meinen Augen so hübsch und geschickt. Und alle außer mir, so schien es, konnten fließend sprechen.

Ich war viel zu selbstreflektiert, als dass ich ein unbeschwertes Kind hätte sein können. Aber stimmte es wirklich, dass ich so schrecklich unattraktiv auf andere wirkte?

Im Rückblick beurteilt man als Erwachsener seine Kindheit mitunter aus einer völlig anderen Perspektive. Manches mag im Nachhinein verklärt oder verfälscht sein. Wenn ich an die Zeit vor der Oboe, also vor dem zehnten Lebensjahr, denke, stellt sich mir in Bezug auf manche Erinnerungen eine Art innerer Blockade in den Weg. Das Kind, an das ich dann denke, kommt mir mitunter fremd vor.

War ich wirklich dieser Hansdampf in allen Gassen, wie mir von meinen Eltern immer wieder erzählt wird? Bin ich wirklich der dreijährige Kamikaze-Skifahrer gewesen, vor dem die Leute meine Eltern auf der Piste gewarnt haben? War ich es, der voller Risikofreude mit dem Fahrrad stets jeden Berg hinunter gerast und dann in der Dornenhecke gelandet ist?

Wurde einem älteren Kind eine kniffelige Frage gestellt, so erzählt es meine Mutter, fiel ich ihm schon mit der richtigen Lösung ins Wort. Ja, so muss es gewesen sein: schneller, wilder, rasanter… Ich wollte wohl alles immer ausreizen. Sicher habe ich deshalb auch viel Aufmerksamkeit bekommen. Ich war doch sicher liebenswert und wurde auch geliebt. Doch mein negatives Eigenbild hat mich daran gehindert, diese Erfahrungen als positiv und bestätigend zu verinnerlichen. Das änderte sich erst mit der Oboe.

Egal, welche Schwachstelle man zu haben glaubt, die eigene Perspektive muss immer eingeschränkt bleiben. Sehr oft ist man durch den Tunnelblick blockiert. Die Außen- und die Eigenwahrnehmung sind quasi nie deckungsgleich. Das kann sogar krankhafte Züge annehmen, wie wir es mitunter bei Essstörungen sehen. Man sieht, hört, riecht sich selbst nie so wie die anderen einen sehen, hören oder riechen. Die Unsicherheit, man könne in den Augen der anderen nicht genügen, ist das, was vielen am meisten zu schaffen macht.

Ob die Erinnerungen in meinem Fall nun kongruent mit der Realität sein mögen oder nicht: Ich habe mich jedenfalls geschämt. Das steht fest. Ich glaube, viele Menschen kennen dieses Gefühl: sich nicht gut in ihrer Haut zu fühlen, womöglich nicht zu genügen, anzuecken, Außenseiter zu sein. Ob das tatsächlich der Realität entspricht, ist dabei für einen selbst erst einmal zweitrangig. Für jeden Einzelnen gilt immer an allererster Stelle das subjektive Gefühl.

Wenn man hört: „Ich versuche objektiv zu sein", kann das nicht stimmen. Man kann immer nur durch seine Augen auf die Welt blicken. Objektivität durch eine einzelne Person kann nicht erreicht werden. Wenn ich eine Meinung in einer Diskussion mitteile, ist sie bereits subjektiv.

Als ich anfing zu stottern, litt mein sowieso schon viel zu wenig ausgeprägtes Selbstbewusstsein noch mehr. Gott sei Dank hatte ich aber ab meinem zehnten Lebensjahr ein Fluchtmedium. Ich stürzte mich mit vollem Elan auf die Oboe. Mit ihr spielte ich die Scham einfach weg. Sie führte mich in ganz neue Sphären, wo ich mich sicher und geborgen fühlen konnte. Das Üben wurde zu meiner Zuflucht. Mit der Oboe in der Hand lachte mich niemand mehr aus. Im Gegenteil, spätestens nach meiner Initiation in die Welt der klassischen Musik, als ich plötzlich mit zwölf Jahren ein ausdrucksvolles Vibrato spielen konnte, wollte man mich überall haben, sollte ich überall mitspielen. Endlich fing mein eigentliches Leben an.

Der eigene Wert

Ich war nun nicht mehr davon abhängig, ob man mich wegen meines Äußeren ablehnte oder nicht. Ich hatte einen Wert in mir selbst gefunden, mit dem ich mich nun darstellte. Ich konnte nun etwas aufweisen, was andere nicht hatten. Und das Beste war: Ich wurde nichts Schwieriges gefragt und musste nicht viel reden. Ich kam also nicht in die Verlegenheit zu stottern. Das Oboe-Spielen wurde zu meinem Sprechen.

Für den Stotterer ist nicht das Stottern das Schlimmste, sondern darauf zu warten, dass man in eine Situation kommen könnte, in der man womöglich zu stottern anfängt. Als Schüler habe ich mich weggeduckt, wenn der Lehrer eine Frage stellte. Ich bin Blickkontakten ausgewichen, habe Vermeidungsstrategien entwickelt, immer in der bangen Hoffnung: „Vielleicht nimmt er mich ja nicht dran, wenn ich ihn nicht sehe!"

Wenn es dann doch geschah und das Damoklesschwert fiel, war das Stottern oft nicht zu vermeiden. Die normale Reaktion der Mitschüler war zu lachen, auch wenn die meisten von ihnen es sicherlich gar nicht böse gemeint haben. Schadenfreude ist nun einmal lustig und deshalb eine höchst menschliche Eigenart. Doch für den Ausgelachten ist es die Hölle der Scham. Wenn ich damals schon gewusst hätte, wie viel leichter es ist, wenn man sich selbst nicht so ernst nimmt, hätte ich mir viel Schmerz ersparen können.

Warum ein Mensch anfängt zu stottern, konnte bis heute trotz intensiver Studien nicht wirklich erforscht werden. Aber sicherlich gibt es zahlreiche Gründe. Sie mögen genetischer oder psychischer Natur sein oder einfach gewissen Traumata zuzuschreiben sein. Aber mit Sicherheit haben auch die Umstände, in denen ein Kind aufwächst, größten Einfluss darauf.

Meist fängt das Stottern früh an, vor der Pubertät, wenn ein Kind beginnt, sich zu sozialisieren und auf komplexeren Ebenen zu kommunizieren. Wenn dann als Jugendlicher noch Hormonschübe hinzukommen und man sowieso völlig durcheinander ist, verschlimmert sich das Stottern oft noch. So war es bei mir.

Ich erinnere mich, wie ich mir Notizen machte, bevor ich mit 14, 15 Jahren ein Mädchen anrufen wollte. Satz für Satz schrieb ich mir auf einen Zettel, was ich sagen wollte, um ihn dann am Telefon abzulesen. Damit ich ja nicht ins Stottern kam.

Über die Jahre hinweg habe ich mir viele solcher Verhaltensregeln, Ersatz- und Übersprungshandlungen angeeignet. Wie viele andere Stotterer habe ich bestimmte Wörter vermieden, in denen Konsonanten vorkommen, an denen ich hätte hängen bleiben können. Das „k" war mir das verhassteste. Wie ein Quantencomputer suchte mein Gehirn jedes Mal blitzschnell nach einem Ersatzwort, wenn ein „böses" K-Wort im Satz drohte, an die Reihe zu kommen.

Andere Stotterer entwickeln eigene Ersatzhandlungen und Ablenkungsmanöver, um nicht zu stottern. So habe ich zum Beispiel Redner erlebt, die – für mich sehr auffällig – sich fortwährend während des Sprechens auf die Oberschenkel klopften.

Eigentlich war ich alles andere als ein schüchterner Junge. Im Gegenteil, ich wollte ja schon immer viel sprechen und auch im Rampenlicht stehen. (Was mir meine Mutter oft erzählte: Im Kindergarten war mein Spitzname „der General".) Man könnte meinen, Menschen mit einer Sprachbehinderung seien durchweg zurückhaltend. Dem ist keineswegs so. Sicher kann man es nicht verallgemeinern, aber ich habe bei vielen Stotterern beobachtet, dass sie reden wollen, ja sogar den Drang haben, reden zu müssen.

Nicht wenige Stotterer drängt es, nachdem sie ihr Stottern in den Griff bekommen haben, so wie mich in die Öffentlichkeit. Sie sind Politiker, Manager, Organisatoren, Wissenschaftler, Schauspieler, Künstler. Joe Biden, Rowan Atkinson („Mr Bean"), Marilyn

Monroe, Winston Churchill, Bruce Willis, Ed Sheeran sollen Stotterer (gewesen) sein. Selbst Moderatoren sind darunter: Der beliebte, 2018 verstorbene, Hitparaden-Schnellsprecher Dieter Thomas Heck hatte als Kind nach einem Bombenangriff während des Zweiten Weltkriegs angefangen zu stottern. Angeblich trainierte er sich sein Handicap ab, indem er die Zeitung laut vorlas und Schlager aus dem Radio nachsang.

„Wirklich? Das hätte ich nie gedacht!“ Das wird vielen durch den Kopf gehen, wenn sie hören, dass selbst der amerikanische Präsident Stotterer gewesen sein soll. Bei all diesen berühmten Stotterern fällt das Handicap auf den ersten Blick auch gar nicht oder nur selten auf. Mir schon.

Die Betroffenen haben sicher wie ich Ausweichmechanismen eingeübt, um ihre Sprachhemmung zu kaschieren. Doch ein Stotterer erkennt einen anderen sofort, auch wenn ein Nicht-Stotterer die stereotypen Verhaltensweisen übersehen würde. Es sind die winzigen Bewegungen, die sogenannten „micro movements“, in Mimik und Gestik, die dem geübten Auge nicht entgehen.

Interessant ist auch die Theorie, Stotterer würden in einer Fremdsprache nicht stottern. Das mag bis zu einem gewissen Grad stimmen. Doch: Einer meiner Kommilitonen aus Hannover, der sehr schlimm stotterte, konnte während seiner Sprachkurse fließend Französisch sprechen. Kaum konnte er die Sprache allerdings perfekt, begann er auch darin zu stottern …

Allein mit der Scham

Als Kind fühlte ich mich mit meinem Stottern ganz alleine und hilflos. Ich kannte niemanden, der dieses „Übel" mit mir teilte. Aber schon im Studium und später auf Reisen lernte ich immer mehr Menschen kennen, die ebenfalls mit dem Stottern und der damit verbundenen Scham zu kämpfen hatten. Es half mir zu wissen, dass ich nur einer von vielen war. Es erleichterte mich ungemein. Manche von ihnen waren sogar noch aktive Stotterer, hatten es also noch nicht geschafft, ihre Sprachbehinderung in den Griff zu bekommen. Ich hingegen hatte die schlimmste Phase schon überstanden. Auch das gab mir Aufwind.

Doch: Einmal Stotterer, immer Stotterer. Aber, einmal aktiver Stotterer heißt nicht, immer aktiver Stotterer. Dennoch: Ich bin davon überzeugt, dass man Stotterer bleibt, auch wenn man nicht mehr stottert. Zwar bleiben wir Stotterer meiner Meinung nach ein Leben lang mit den psychischen Auswirkungen des Stotterns behaftet, wurden unsere Seelen doch so intensiv von ihnen über Jahre hinweg vernarbt. Aber ich glaube ganz fest daran, dass wir unser Trauma überwinden und fließend sprechen lernen können. Es geht nur darum, den für jeden individuell passenden Schlüssel zu finden. Dann ist es für uns möglich zu heilen.

In all meinem (selbst empfundenen) kindlichen Unglück hatte ich unglaubliches Glück. Denn mein Vater hat mir intuitiv den Schlüssel geschenkt, der für mich tatsächlich genau der passende war: die Oboe.

Mich hat die Kraft der Musik geheilt. Doch das brauchte Zeit. Und auch viel eigene Kraft und Anstrengung. Denn mit dem Schlüssel alleine ist es nicht getan. Fortes fortuna adiuvat. – Das lateinische Sprichwort bringt es auf den Punkt: Dem Tüchtigen hilft das Glück. Die Oboe allein hätte nichts bewirkt. Ich wusste, dass ich viel üben musste, um mein Talent auszureizen. Und das tat ich und tue es noch heute. Der Erfolg wird niemandem so einfach in den Schoß gelegt.

𝄞

Wissenschaftliche Studien haben bewiesen, dass Musik jedem und allem hilft. Kühe geben bessere und mehr Milch, Pflanzen wachsen mit der richtigen Beschallung anscheinend höher und schöner. Und wie groß ist erst der Einfluss von Musik auf uns Menschen! Musik löst so viel in uns aus. Gutes wie Böses.

Auf den Schlachtfeldern der Normannen klangen die fürchterlich lauten und grässlichen trompetenartigen Instrumente, die die Soldaten zum Kampf anstachelten. Die Marschmusik der heutigen Armeen bringt die Soldaten ins Glied, lässt sie gleichgeschaltet funktionieren. Technomusik hypnotisiert die Tanzenden in eine vermeintlich andere Dimension des Seins. Ich selbst kann mit dieser „Musik" überhaupt nichts anfangen. Aber wenn ich Gustav Mahlers Adagietto aus seiner 5. Symphonie höre, verändert sich mein Blick auf die Welt. Mein Körpertonus wird weicher und ich nehme die Farben um mich herum plötzlich anders wahr. Die Melodie berührt mich so tief in meiner Seele.

Ich wurde auf zwei Arten von der Musik geheilt – passiv und aktiv. Ich darf sie hören und erfahren. Und heilen. Und ich darf Musik auch machen. Wie oft habe ich von Menschen gehört, dass ich sie durch meine Musik aus einem schlimmen seelischen Tief herausgeholt hätte. Auch dieses wunderbare Feedback heilt mich, weil es mich in meinem Selbstwert bestätigt. Es ist wie mit einem Perpetuum mobile, das ewig hin und her schwingt. Ich helfe anderen, was wiederum mir hilft.

Doch die Musik war nicht mein einziger Schutzschild gegen das Stottern. Ich habe mir auch eine Haltung angewöhnt, die dem Lächerlichen, der Scham den Wind aus den Segeln nahm. Selbstironie und offensive Offenheit!

Darin hat mich ein großes Lehrstück meines verehrten lieben Freundes und Ausnahmesängers Thomas Quasthoff bestätigt. Aufgrund seiner Contergan-Schädigung mit verkürzten Armen und Beinen geboren, fällt er in Menschenansammlungen auf. Mit ihm durfte ich viele wunderschöne Konzerte geben.

Als wir bei einer gemeinsamen Konzertreise am Bahnhof von Dortmund ankamen und uns Hand in Hand eine Schneise durch die wabernde Masse der Passanten auf dem Gleis schlugen, bemerkten wir die Blicke ob unseres eklatanten Größenunterschieds. Die Menschen starrten uns an wie Außerirdische, so schien es mir. Da brachte Thomas uns und auch manche der anderen Reisenden mit seiner außergewöhnlich wohltönenden voluminösen Stimme zum Lachen: „O mein Gott, Dortmund, alles nur Mutanten hier! Schnell weg!"

Einen anderen, sehr eleganten Ansatz mit ihrer Andersartigkeit umzugehen, verfolgt eine liebe Kollegin bei der Deutschen Grammophon. Sie ist Stotterin. Ihre geschäftlichen Gespräche beginnt sie häufig mit: „Ach, übrigens, ich bin Stotterin!" Mit diesem vorauseilenden Gehorsam ist alle Erde bereits geharkt. Kein Risiko für ein peinliches Schweigen mehr und auch keine Betretenheit. Schau, da ist er, der Elefant im Raum! Es kann von diesem Zeitpunkt an nun nichts Schlimmeres mehr kommen.

Auch ich habe gelernt, mich selbst immer wieder auf die Schippe zu nehmen. Ich lächele viel über mich selbst. Es hilft mir dabei, zu akzeptieren, dass ich eben nicht alles perfekt kann und auch nicht perfekt bin – weit davon entfernt. Das ist besonders wichtig im Umgang mit meinen Studenten. Es nimmt den Druck. Den Unterschied zwischen An- und Auslachen zu erkennen, war eine wichtige Lektion für mich. Denn paradoxerweise wird man von anderen viel ernster genommen, wenn man sich selbst nicht zu ernst nimmt.

Ich stottere schon lange nicht mehr. Ich hatte auch glücklicherweise nie einen Rückfall. Aber der Schleier der Angst, ich könnte doch wieder in mein altes Muster zurückfallen, begleitet mich immer im Hinterkopf. Der Hauch der Erinnerung an die Panik davor, die Scham könnte mir wieder ins Gesicht strömen, ist bitter, aber Gott sei Dank von kurzer Dauer.

Was, wenn ich bei einer Orchesterversammlung meine Meinung als einziger vor 127 meiner überaus klugen und versierten Kollegen, die allesamt anders denken, verlauten lassen möchte? Was, wenn ich bei einem Interview von einem Ereignis erzähle, das mich an meine Albträume aus meiner Kindheit erinnert? Was, wenn ich irgendwo ein stotterndes Kind höre und mich in meine Vergangenheit zurückversetzt fühle – weiß ich doch nur allzu gut, wie sich dieser kleine überaus sensible Mensch jetzt fühlt?

Richtig atmend durch die Welle

Ich verfüge über meine speziellen Werkzeuge, um den Knoten im Hals zu lösen oder ihn erst gar nicht entstehen zu lassen. Ich bin ein Schwimmer, der in der auf ihn zu preschenden Welle nicht ertrinkt. Ich weiß, was ich tut kann, um unter ihr hindurchzuschwimmen.

Hier teile ich ein paar meiner Hilfsstrategien, auf dass sie anderen Betroffenen helfen mögen:

Das wichtigste in der akuten Gefahr: bewusst und fließend zu atmen.

Mein Brustkorb senkt sich. Und hebt sich wieder.
Meine Lunge bewegt sich ganz gleichmäßig.
Mein Zwerchfell bewegt sich frei.
Mein Sternum ist aufgerichtet. „Ich bin stolz auf mich!"
Ich atme.
Ich atme sehr schnell tief ein, fast ruckartig.
Ich atme Energie ein.
Ich atme die Aufregung weg.
Ich atme den Ärger weg.
Ich atme die Angst weg.
Ich atme die drohende Scham weg.

Ich fühle mich vom Leben reich beschenkt. Ich werde allerdings nie vergessen, welche Hürden auch ich zu überwinden hatte und noch immer habe. Nie werde ich vergessen, wie es sich angefühlt hat ausgelacht zu werden, nur weil ich einen Satz nicht flüssig aussprechen konnte. Der Lächerlichkeit preisgegeben zu sein, gehört zu den beschämendsten Erfahrungen als Mensch überhaupt.

In Deutschland stottern laut offiziellen Schätzungen etwa 800.000 Menschen, das ist ein Prozent der Bevölkerung. Obwohl es sich dabei um eine anerkannte Sprachbehinderung handelt, ist Stottern immer noch ein Tabu in den Medien. Gerade Stotterer sind in der Gesellschaft noch immer häufig Spott ausgesetzt.

Endlich bin ich so weit, sicher und selbstbewusst genug, dass ich mich dafür einsetzen kann, das Stigma des Stotterns zu entkräften. Denn erst, wenn man selbst den Hemmschuh abstreifen konnte, ist man in der Lage, als Rollenmodell für andere zu wirken. Ich möchte es jetzt am liebsten in die Welt posaunen: „Schaut her, ich habe es geschafft! Ich habe mit der Kraft der Musik, mit meinem Medium, das Stottern überwunden. Und Ihr könnt es auch. Auf Eure Weise." Ich möchte ein positives Beispiel geben. Da ich häufig im Rampenlicht stehe, hoffe ich durch meine Biografie für andere Betroffene ein Vorbild zu sein, sie zu ermutigen.

Kein Stotterer soll sich in Zukunft mehr dafür schämen müssen, dass er in bestimmten Situationen nicht flüssig sprechen kann. Ich schreibe dieses Buch und spreche in Interviews offen von meinen Erfahrungen als Stotterer, um das Bewusstsein für die Hintergründe des Stotterns bei den Menschen zu erweitern. Ich will ihnen vor Augen führen, welchen Schmerz sie Menschen unter Umständen zufügen, wenn sie sie auslachen oder gar ausgrenzen, nur weil diese im Satz hängen bleiben.

Eine Sensibilisierung für das Thema soll das Stigma ablösen. Deshalb engagiere ich mich auch für die Bundesvereinigung Stottern und Selbsthilfe e. V., eine Interessengemeinschaft, die das gleiche Ziel hat wie ich: Aufklärung, Forschung, Ermunterung.

Mein soziales Engagement endet dabei aber nicht beim Stottern. Von meinem Vater habe ich gelernt, wie wichtig es ist, sich selbstlos für andere und Schwächere einzusetzen.

Mit der Albrecht-Mayer-Stiftung, die ich gemeinsam mit dem fast erblindeten Franz Badura vor zehn Jahren ins Leben gerufen habe, möchte ich einen Beitrag dazu leisten, Wissenschaft, Forschung und Therapieentwicklung für erbliche und erworbene Netzhaut- und Sehnerv-Erkrankungen nachhaltig zu fördern. Zwar betrifft mich diese Krankheit nur in sehr geringem Maße (ich habe eine Sehschwäche in der Dunkelheit), aber auch andere Bekannte aus meinem Umfeld sind davon betroffen.

Als ich bei einem Abendessen nach einem Solo-Konzert im Festspielhaus Baden-Baden auf den wunderbaren Dirigenten Pierre Boulez traf, erkannte er mich nicht gleich, obwohl er direkt neben mir saß. Wir kannten uns doch schon so lange und so gut. Ich war schockiert: Er war offensichtlich zwischenzeitlich erblindet. Ich konnte es nicht fassen. Einer der feinsinnigsten Menschen, die ich kannte, hatte einen seiner wichtigsten Sinne verloren. Und wie musste es erst sein, nicht mit allen Sinnen geboren zu werden?!

Ob angeboren, krankheits- oder altersbedingt eingeschränkt – nicht über alle Sinne verfügen zu können, macht uns schlimmstenfalls komplett abhängig von anderen – ein Grauen für mich. Ich bin mir bewusst, wie viel Glück ich hatte, immer selbstständig durch das Leben gehen zu dürfen und mit allen Sinnen die Welt in vollen Zügen wahrnehmen zu können. Als sensibler Mensch, als geheilter Stotterer und nicht zuletzt als gläubiger Mensch möchte ich durch mein Engagement meine positive Motivation mit anderen teilen.

10

Ein Adrenalin-Junkie auf Entzug

Kein beseelter Auftritt, kein Applaus, keine Rufe nach einer Zugabe, keine Standing Ovations. Schlagartig keine Konzerte mehr, keine Reisen: Als Corona zuschlug, fühlte ich mich so, als hätte jemand in meinem Leben die Bremse bei 180 km/h in voller Fahrt gezogen und mich nach heftigem Schleudern zum Stehen gebracht. Die Corona-Pandemie hat mich wie so viele andere Künstler und Musiker eiskalt erwischt.

Mein großes Glück war und ist es, dass ich seit 33 Jahren fest angestellt bin. Zwar mussten auch die Berliner Philharmoniker für eine gewisse Zeit in Kurzarbeit gehen, als die Pandemie mit voller Wucht unsere Welt erfasste. Aber ich musste nicht um meine Stelle fürchten. Doch was nun auf uns Musiker zukam, bedeutete auch für mich einen riesigen Einschnitt. Erst einmal natürlich finanziell.

Denn, obwohl ich mein Orchestergehalt größtenteils erhielt, fielen doch etwa zwei Drittel meiner sonstigen Einnahmen aus Konzertreisen und Solo-Auftritten weg, auf die mein Leben seit Jahren aufgebaut ist. Wie jeder andere, der wirtschaftlich von der Pandemie und seinen Einschränkungen betroffen war, machte auch ich mir Sorgen: Wie würde es weitergehen?

Mehr als drei Jahrzehnte lang hatte ich vernünftig bis sehr gut verdient, hatte mit größter Freude und viel Leidenschaft meinen Beruf ausgeübt. Ich durfte ein sehr schönes, glückliches und sogar privilegiertes Leben führen. Das weiß ich. Nun schien es mir, als würde mir der Boden unter den Füßen weggerissen. Alles, was noch vor Kurzem Bestand hatte, musste plötzlich infrage gestellt werden.

Es ging natürlich nicht nur mir so. Ich weiß von sehr vielen Musikern, die noch nicht einmal mehr die Raten für die Kredite für ihre kostbaren Instrumente, Celli oder Flügel, bedienen konnten, weil kein Geld mehr floss. „Wie lange kann ich so überleben?", das ging auch mir durch den Kopf. Auf dem gewohnten hohen Standard sicherlich nicht lange.

In den ersten Tagen des Lockdowns konnte ich die Brisanz der Situation noch verdrängen. Ich nahm diese Tage ohne offizielle Termine als erholsame Auszeit. Doch sehr schnell, nachdem sich nichts zum Positiven veränderte, erfasste auch mich nach und nach die überall spürbare und bedrohliche Existenzangst.

Manche Hollywood-Stars verdienen mit einem Film viele Millionen Dollar, sodass sie mühelos mehrere Jahre davon leben können, ohne einen weiteren Erfolg präsentieren zu müssen. Doch bei Künstlern, die zwar genauso begabt, aber weniger erfolgreich sind, sieht das ganz anders aus. Wie vielen Schauspielern, vor allem am Theater, die an einer Bühne sogar fest angestellt sind – und das sind die allerwenigsten! –, blieb nichts anderes übrig, als ihren Hungerlohn mit Nebenjobs aufzubessern?! Nur damit sie ihre Miete zahlen und die Ausbildung ihrer Kinder finanzieren konnten.

Mir ging es trotz alldem immer noch verhältnismäßig gut. Auch wenn es schmerzen würde, ich könnte mich langfristig finanziell einschränken, mich verkleinern, wenn es nötig werden sollte. Doch was ist mit den tief verankerten Strukturen im Leben und Abläufen, die von einem Tag auf den anderen nicht mehr möglich waren? Ich war vor Corona zusammengerechnet etwa sieben Monate im Jahr beruflich unterwegs. Mit den Berliner Philharmonikern sind wir normalerweise mehrere Wochen im Jahr auf Tournee. Hinzu kommen meine internationalen Verpflichtungen als Solist und Dirigent.

Mein Alltag besteht normalerweise aus Proben und Konzerten vor Ort in Berlin. Plus der oft sehr engmaschigen Konzertreise-Taktung: Alle paar Tage ab zum Flughafen. Abends ein Konzert im Ausland. Vier Stunden Schlaf. Morgens um sechs Uhr zurück mit dem Flugzeug nach Berlin, um 10 Uhr Probe in der Philharmonie. Konzert am Abend. Und immer so weiter.

Kein Konzert. Nirgends.

Im März 2020 plötzlich Stillstand. Lockdown. Kein Auftritt, kein Flug, nirgends.

Mein gesamter Organismus war es über Jahrzehnte gewohnt, seinen Adrenalinhaushalt wie in einer Art Ziehharmonika-Effekt zu dosieren. Hinaus in die Welt: positive Anspannung und Aufregung. Zurück in das private Umfeld: Entspannung und Erholung. Wenn man es gewohnt ist, alle paar Wochen auf Reisen zu sein, sich sogar in anderen Kulturkreisen zu bewegen mit vielen ungewohnten Eindrücken, ständig neue Menschen um sich zu haben, mit anderen Musikern zusammenzuarbeiten, ist der erzwungene Stillstand im Lockdown noch vehementer als für Menschen, die sich sowieso in kleineren Kreisen bewegen und einem

„nine-to-five-Job“ nachgehen, der ein so extremes Hin und Her zwischen Arbeit und Privatleben nicht kennt.

Man stelle sich einen Herzchirurgen vor, der über Jahre hinweg täglich in höchster Konzentration die diffizilsten Operationen durchführt und dem plötzlich das Skalpell aus der Hand genommen und der des OPs verwiesen wird. So ähnlich fühlte ich mich. Es dauerte viele Wochen, bis ich mich nur einigermaßen daran gewöhnt hatte, ständig vor Ort in Berlin zu sein und den Radius so klein zu ziehen wie nie zuvor.

Einem Junkie gleich erlebte ich einen Adrenalin-Entzug. Ich war unruhig und wie ein Panther im Käfig wanderte ich von Zimmer zu Zimmer, meine Gedanken ständig kreisend. Es müsste doch einen Ausweg, einen Ausgang geben. Aber nein. Stattdessen flatterten täglich immer neue Hiobsbotschaften ins Haus. Konzert um Konzert wurde von den Veranstaltern abgesagt. Auftritte, die teilweise Jahre im Voraus abgemacht worden waren, fielen ins Wasser. Natürlich waren auch sämtliche Auftritte der Berliner Philharmoniker auf Eis gelegt. Und zudem gab es ja auch gar keine Möglichkeit zu fliegen.

Es bildete sich eine dunkle Wolke der Perspektivlosigkeit über uns. Keine neuen Termine, keine Zukunft in Sicht. Es war, als sähe man zuerst ein Unwetter in der Ferne, das sich als ein vehementer Hagelsturm herausstellt. Doch plötzlich entwickelt der Sturm sich zu einem Orkan und am Schluss fürchtet man wegen eines Hurrikans im eigenen Garten um das Leben.

Jede neue Absage, die mir von meinem Agenten weitergereicht wurde, stürzte mich noch tiefer in Verzweiflung. Und natürlich war mir klar, dass auch die Veranstalter, wie das Schleswig-Holstein Festival, das Mecklenburg-Vorpommern Festival oder das Rheingau-Festival ums Überleben kämpften. Aber sie gehören ja auch zu meinen Auftraggebern! Die Konzertveranstalter können immer schlechter planen und sind selbst wirtschaftlich oft schon am Ende. Was, wenn alle Strukturen irgendwann in sich zusammenbrechen, die Kulturinstitutionen schließen müssen? Dann hieße das das Aus für die Kultur in Deutschland.

Das finanzielle Desaster für uns alle war schon schlimm genug. Aber mindestens genau so schlimm war das fehlende Publikum. Weil es anderen auch so ging, wurde die allgemeine Stimmung unter uns Musikern immer gedrückter, je länger der Lockdown anhielt. Wie andere Musiker versuchte auch ich, die Ausfälle der Live-Auftritte mit den sogenannten Geisterkonzerten (ohne Publikum!) wenigstens ansatzweise zu ersetzen.

Ich spielte auch in den ersten Wochen des Lockdowns Aufnahmen für die Digital Concert Hall der Berliner Philharmoniker ein. Noch nie habe ich innerhalb eines Jahres in der Philharmonie so viele Aufnahmen gemacht. Aber ach, wie trostlos, wenn um mich herum nicht nur die Energie von anderen Menschen, sondern auch die freudige Erwartung und die direkte Verbindung mit den Zuhörern fehlt!

Ein Konzert lebt ja auch zu großen Teilen von der Interaktion zwischen den Künstlern und den Zuhörern. Ein Livestream kann das eigentliche Event nicht einmal im Ansatz ersetzen. Es ist letztendlich nur ein Abklatsch von dem, was sein könnte.

Das Lampenfieber, das ich spüre, bevor ich direkt vor Publikum spiele, ist nicht das gleiche wie bei einer Aufnahme für das Fernsehen oder für ein Internet-Format. Denn der Musiker wird nach dem Konzert für seine Leistung belohnt. Wie stark ist der Beifall? Wie laut sind die Rufe nach einer Zugabe? Das unmittelbare Feedback ist so essenziell für mich wie die Nahrung, die ich zu mir nehme. Wir Künstler leben davon. So geht es uns allen. Und so geht es auch meinen Kollegen. Wir sind eben Adrenalin-Junkies. Wir brauchen die Unruhe vor dem Auftritt, den Moment, in dem wir vor die Menschen treten und alles geben, was wir haben. So entsteht auf beiden Seiten im besten Fall eine unvergleichlich erhebende Euphorie.

Und ich gebe es zu: Natürlich fehlte mir auch die Anerkennung und Bewunderung. Vor Corona war ich es gewohnt gewesen, jeden Tag eine Form von Applaus oder zumindest eine höfliche Form von Zustimmung zu erhalten. Nun blieb es um mich herum schrecklich still. Es war ein Trauerspiel.

Papi ante portas

Bis meine Familie endlich schreckliches Mitleid mit mir bekam. Es musste doch etwas geben, was mich aufmuntern könnte. Meine liebe und findige Frau überraschte mich eines Tages voller Fürsorge mit einem Applausomaten. Das wundersame Gerät applaudiert auf Knopfdruck in allen möglichen Varianten. Sogar Bravorufe kann man ihm entlocken. Was für eine grandiose Erfindung für alle bedürftigen Künstlerherzen! Doch dem nicht genug. Ich bin ja schließlich unersättlich … Die Familientherapie kumulierte darin, dass meine Tochter zwei Papphände bastelte, die sie in regelmäßigen Abständen während des Tages klatschend vor mir gegeneinanderschlug. So hielt man mich zu Hause einigermaßen bei Laune.

Wenn es mir nicht gut geht, werde ich zum Perpetuum mobile: Ich stürze mich in die Aktion. Manchmal purer Aktionismus. Ich versuche, das Gefühl der Hilflosigkeit zu kompensieren, indem ich mir neue Ziele setze und diese auch sogleich verfolge. Ohne die vielen Konzerte, die ich sonst im Laufe eines Jahres spielte, konzentrierte ich mich nun in der frei gewordenen Zeit intensiv auf meine geplanten und neuen Alben. So entstand inmitten der schlimmsten musikalischen Depression bei der Deutschen Grammophon meine neue Mozart-CD – eine Leistung der besonderen Art, da wir sie unter Corona-Bedingungen mit reduzierter Besetzung aufnehmen mussten.

Nach ihrem Erscheinen sollten deutschlandweit zwölf wunderbare Konzerte stattfinden, um das neue Programm meinem Publikum live vorzustellen. Doch je näher die Termine rückten, desto verzweifelter wurde ich. Denn ich sah es kommen: Die Live-Events würden nicht stattfinden können. Es drängte mich so sehr, mit meinem neuen Album auf Tour gehen zu können. Und tatsächlich: Wie die meisten anderen Konzerte fielen auch sie schlussendlich der Pandemie zum Opfer.

Ganze Konzertreihen lassen sich auch nicht einfach verschieben, weil die Termine meist zwei bis drei Jahre im Voraus verplant sind, die Säle besetzt. Der finanzielle Verlust war riesig, der ideelle Verlust immens.

Ich fieberte von Monat zu Monat auf einen normalen Konzertbetrieb hin und konnte es kaum erwarten, wieder aufzutreten. Nicht nur für mich selbst. Die Kultur-Menschen haben doch auch eine große Verantwortung in der Gesellschaft! Dessen war ich mir immer schon bewusst. Umso schmerzlicher fühlte sich der Dolchstoß ins Herz an, als Politiker bei den Corona-Maßnahmen Konzerthäuser in eine Reihe mit Spaßbädern stellten, auf die man ihrer Meinung nach also ohne Weiteres eine Zeitlang gut verzichten könne. Nein, wir wissen es doch besser: Man kann nicht einfach so darauf verzichten! Musik, Theater, Ballett, Oper, Kino sind immens wichtige Seelennahrung für uns Menschen!

Seither scheint sich die Lage zwischenzeitlich immer wieder etwas zu entspannen. Gott sei Dank ist die Philharmonie wieder voller Menschen. Doch die Unsicherheit bleibt. Es könnte jeden Moment wieder kippen. Trotz neuer Lichtblicke gibt es viele Wermutstropfen: Eine Konzertreise von mir nach Quebec wurde bisher vier Mal verschoben und hat jetzt wieder einen neuen Termin bekommen. Tourneen nach Asien sind nach fast drei Jahren Corona nach wie vor kaum möglich. Auch ausführliche USA-Reisen waren lange Zeit auf Eis gelegt. Überhaupt wird der Umfang zukünftiger Reisen grundsätzlich infrage gestellt.

Sollte es noch einmal hart auf hart kommen, werde ich mich auf die Inspiration besinnen, die mir meine Tochter schenkte, als ich im Frühjahr 2020 vom Festival in Hitzacker nach Hause kam. Ich war seit langer Zeit wieder einmal verzweifelt und zutiefst traurig. Laura war damals fünf Jahre alt und gab mir den besten Rat, den man mir nur hätte geben können.

Als musikalischer Leiter hatte ich gerade die traurige Pflicht gehabt, mitten in der Festivalwoche das gesamte Programm abzubrechen. Was für ein schlimmer Moment! Mit Tränen in den Augen gab ich die Information an meine ebenfalls betrübten Kollegen weiter. Es schien so, als würde einer nach dem anderen in sich zusammenfallen. Wir hatten doch so viel vorbereitet, organisiert, geprobt! Unsere Köpfe und unsere Seelen hatten Partitur um Partitur aufgesaugt, um sie bei einem fulminanten Höhepunkt am Ende des Festivals mit hervorragenden Solisten, einem umfangreichen Repertoire und einem großen Orchester aufzuführen. Die gesamte aufgebaute Dramaturgie brach unwiederbringlich in sich zusammen. Die Energie verpuffte ins Nichts. Unverrichteter Dinge reisten wir alle ab.

Daheim angekommen saß ich niedergeschlagen in meinem Arbeitszimmer, als es leise klopfte. „Papi, ich hab' da eine Idee!" Laura stand mit strahlenden Augen vor mir. Schon da erhellte sich meine Seele wieder. Ich war gespannt. „Du fährst doch so gern Fahrrad." – „Ja…?" –„Und du spielst doch so gerne vor anderen Leuten Oboe." – „Ja, allerdings!" – „Warum fährst du nicht mit dem Fahrrad irgendwo hin, wo Menschen sind, vielleicht in einen Park, nimmst deine Oboe mit und spielst ihnen draußen etwas vor?!" Ich stand auf, hob sie hoch und ließ sie im Flug um mich kreisen. Sie jauchzte. Und ich wusste, was ich zu tun hatte, damit es mir etwas besser gehen würde.

Schon am nächsten Tag setzte ich den klugen Ratschlag meiner Tochter in die Tat um. Auf meinem Weg in meine Oboen-Werkstatt in Pankow komme ich jedes Mal durch den Berliner Stadtteil Wedding, wo es den wunderschönen Schillerpark gibt. Hier hielt ich an, setzte mich auf eine Parkbank und fing an, Oboe zu spielen. Ich war gespannt, was passieren würde.

Es war ein herrlicher Frühlingstag und der Park war voller Menschen. „Ey Mann, was spielstn' du? Klarinette, oder was?" Eine Gruppe junger Männer war auf mich aufmerksam geworden und blieb direkt vor mir stehen. Einer von ihnen zeigte sich besonders interessiert. „Was ist das für eine Musik?" – „Das ist Mozart." – „Ja, kenn ich. Von dem habe ich schon gehört." Als er mir ein Trinkgeld anbot, lehnte ich dankend ab. Ich bat ihn, das Geld jemandem zu geben, der es wirklich braucht. Ich versuchte ihm klarzumachen, dass ich nicht zum Geld verdienen hergekommen bin. „Cool, Mann!"

In Wedding leben viele Menschen mit Migrationshintergrund, die noch nie ein klassisches Konzert besuchen konnten. Doch keiner von ihnen reagierte ablehnend oder abweisend. Im Gegenteil:

Ich war verblüfft, wie gut meine kleinen Konzerte im Park ankamen. Immer wieder trauten sich Passanten, mich anzusprechen. Manche setzten sich sogar einfach neben mich und hörten mir lange zu, bis sie lächelnd und anerkennend nickend wieder weitergingen. Wieder andere klatschten nach jedem Stück.

Klassische Musik gefällt vielen Menschen, egal mit welchem kulturellen Hintergrund und auch, wenn sie keinen intellektuellen Zugang dazu in ihrer Bildung erhalten haben. Eine meiner Lebensphilosophien lautet: Man muss Geduld mit den Menschen haben. Diese Weisheit musste ich selbst erst lernen.

Wie viele Menschen könnten denn spontan eine Oboe von einer Klarinette unterscheiden? Und wie viele Radiosender, die früher angetreten waren, durchweg klassische Musik zu spielen, seifen heute zu großen Teilen ihre Zuhörer mit filmmusikartigen Schmonzetten ein, die mit Klassik nichts zu tun haben, aber als solche „verkauft" werden. Der Kulturauftrag der Medien in Deutschland scheint sich in einen seichten gefälligen Brei aufzulösen. Vermeintlich glaubt man die mittlerweile viel weniger musikalisch gebildeten Hörer so für sich gewinnen und an den Sender binden zu können. Um die Musik von Mozart oder Bach genießen zu können, muss man aber keineswegs musikalisch vorgebildet sein. Jeder Mensch ist dafür empfänglich.

In den Parkanlagen, in denen ich fortan immer wieder spielte, waren natürlich auch viele Mütter oder ganze Familien mit Kindern unterwegs. Nicht selten kam ein kurz zuvor noch laut quengelndes Kind vor mir zum Stehen und wurde plötzlich ganz still. Vielleicht hatte es solche Töne noch nie gehört, ein solches Instrument noch nie gesehen. Wie spannend! Die meisten Kinder, die mich entdeckten, fingen an zu wippen oder ein wenig zu tanzen. Die Eltern schienen erleichtert.

Wie meinem kleinen und großen Outdoor-Publikum wurde es auch mir bei diesen Parkbankkonzerten jedes Mal viel leichter ums Herz. Dank meiner zauberhaften Laura!

Nicht nur beruflich, sondern auch privat waren die Veränderungen durch die mehreren Lockdowns im Hause Mayer deutlich spürbar. Im Herbst des ersten Pandemie-Jahres wurde meine Tochter eingeschult. Doch schon nach wenigen Monaten mussten die Kinder in das Homeschooling wechseln. Ab sofort betreute meine Frau unser lernbegieriges Kind. Mit solchem Wissensdurst und einer großen Lernlust gesegnet, machte Laura innerhalb kürzester Zeit gute Fortschritte. Sie konnte danach sogar eine Klasse überspringen. Wir waren sehr stolz auf sie!

Viele erstklassige Musiker sind auch in anderen Bereichen schon früh aufgefallen, und so tun es auch ihre Kinder teilweise. Es ist keine Seltenheit, dass sie schon früh als Wunderkinder bezeichnet wurden, dass sie bei Wettbewerben wie zum Beispiel „Jugend musiziert", „Jugend forscht", „Jugend trainiert Mathematik" überdurchschnittliche Leistungen erbracht haben. Gegen zehn Menschen gleichzeitig Schach spielen? Kein Problem! Eine Partitur nach einmaligem Lesen auswendig können? Klar! Mehrere Fremdsprachen fließend sprechen? Nichts Besonderes!

Sir Simon Rattle nannte uns in einem Interview einmal so: „This is a bunch of very special people with special personalities." Denn obwohl wir vielleicht aus der Masse in mancher Hinsicht herausstechen und mit besonderen Begabungen auffallen, heißt das nicht, dass wir bessere Menschen sind. Manchmal sogar das Gegenteil. Die soziale Kompetenz geht (leider) nicht immer mit der intellektuellen Größe einher … So vereinigen manche „speziellen

Menschen“ mit ihren „besonderen Persönlichkeiten“ auch einige Eigenschaften, auf die sie nicht unbedingt stolz sein können, wie zum Beispiel fehlende Empathie.

𝄞

Unsere gesamte Familienstruktur, die wir über Jahre hinweg wunderbar eingespielt hatten, kam etwas durcheinander, weil ich nun fast ständig zu Hause war. Eine Situation, die wir alle noch nicht kannten. Aber es gab auch gar keine Alternative. Wo sollte ich sonst auch hingehen? Ich konnte mich ja leider nicht ins nächste Café setzen und meine geliebte Zeitung lesen, denn die Cafés waren zu. Ich konnte auch nicht ins Kino gehen oder ins Konzert oder ins Museum. Ich konnte auch keine Freunde besuchen, weil die Kontaktbeschränkungen mich davon abhielten.

So erging es mir wie Vico von Bülows (Loriot) Herrn Lohse aus dem Film „Pappa ante portas“, als dieser in den plötzlichen Ruhestand versetzt wurde und nun im Haus omnipräsent war. Seine Frau erschrickt: „Was machst Du denn hier?“ „Ich wohne hier!“ „Ja, aber doch nicht jetzt!“

Am Anfang genossen wir die gemeinsame Zeit, doch dann mussten wir uns alle erst einmal auf den scheinbaren Dauerzustand einfinden und einspielen.

Wer kennt das nicht: Das heile Familienleben funktioniert, wenn die Vorgaben des Alltags das Miteinander auf ein Maß von ein paar Stunden beschränken. Doch nun waren wir an manchen Tagen 24 Stunden am Stück zusammen. Das war für uns alle nicht immer einfach.

Zu viel Nähe, zu viel Einmischung meinerseits. Ähnlich wie Herr Lohse aus dem Film funkte auch ich meiner Frau, da ich nun schon mal vor Ort war, immer wieder in die Organisation des Haushaltes hinein, wollte mitreden, mitentscheiden. Das ging ihr mitunter zu weit, denn sie hatte ja alles perfekt unter Kontrolle und brauchte keine Zweitmeinung.

Bevor es zu einer ausgeprägten Disharmonie in der wohlklingenden Familienkadenz kommen konnte, hatte sie jedes Mal eine rettende Idee. Zum Beispiel: „Schatz, schau mal, wie wäre es, wenn Du mal wieder den Rasen mähen würdest?"

Ich ließ mich gerne zu all ihren Vorschlägen animieren und machte mich sofort an die Arbeit. Wenn ich wieder einmal das Fahrrad nahm, um eine Runde zu drehen, wollte ich aber nicht sinnlos ins Blaue hineinfahren. Man musste dem Tag schließlich einen Sinn geben.

In Gedanken schrieb ich mir also einen Einkaufszettel, denn Lebensmittel zu besorgen gehörte ja nun zu unser aller einzigen Freizeitbeschäftigung. Doch meine Frau kam mir mit einer WhatsApp-Nachricht zuvor: „Bitte geh nicht einkaufen! Habe alles erledigt. Schon alles daheim!" Schade.

Selbst wenn ich in dieser Zeit mit meinem Fahrrad stundenlang alleine herumgefahren bin, wurde es mir dabei dennoch nie langweilig. Obwohl ich mich vom Typ her als sehr gesellig einschätze, kann ich mich für eine gewisse Zeit auch sehr gut mit mir selbst beschäftigen. Ähnlich wie mein Vater liebe ich es, mich auf der Straße auch gerne mit wildfremden Menschen, die mir begegnen, zu unterhalten. So habe ich die für uns alle wohltuenden Familienauszeiten gut genutzt.

• • • • • • • • • • •

Die Lockdowns haben mit uns allen etwas gemacht. Auch ich bin nicht mehr derselbe Mensch wie davor. Ich hoffe und bete, dass so etwas in Zukunft nie wieder nötig sein muss, denn die ungestörte Gemeinschaft in der Familie, unter Freunden, in der Schule, bei kulturellen Veranstaltungen oder einfach auf der Straße ist ein bedeutender Teil unserer Herzensbildung.

11

Auch nur ein Mensch …

Von unseren Fans werden wir Künstler nicht selten zu einer Ikone stilisiert, auf die sie bestimmte Eigenschaften projizieren, die uns fast übermenschlich erstrahlen lassen. Das ist Teil einer erfolgreichen Künstlerkarriere. Was das Publikum von uns Musikern auf der Bühne sieht, ist in vielen Fällen geformt oder geschönt. Denn was die Gäste im Publikum sehen, ist ja nur ein Teilaspekt von uns. Manche schlüpfen auf der Bühne geradezu in eine andere Haut, in eine neue Larve.

Welchen Teil unseres Psychogramms wollen wir zeigen oder was wollen wir gar verheimlichen? Ich habe in meinem Leben einige Künstler und Künstlerinnen kennengelernt, die auf der Bühne die strahlende Diva geben, entzückend, liebenswert und verehrt von so vielen. Doch hinter dem Vorhang zerfiel das schöne Image sofort in tausend Teile und ein unsympathischer, selbstsüchtiger und manchmal ruppiger Mensch kam urplötzlich zum Vorschein.

Nicht immer hat das öffentliche Bild etwas mit dem privaten Menschen dahinter zu tun. Die Zuhörer wünschen sich ja auch den Interpreten der Musik, die charismatische Figur auf der Bühne, nicht den Herrn Müller von nebenan, den sie ja tagtäglich sehen und der sehr wenig schillernd ist.

Ganz einfach: Albi

Wenn ich nach dem Applaus von der Bühne gehe, bin ich allerdings kein anderer Albrecht Mayer. Hinter den Kulissen bin ich für alle zwar der „Albi", aber auch ich bin nicht jeden Tag 24 Stunden lang sprühend vor Energie und Enthusiasmus. Ich habe, wie jeder Mensch, viele Facetten in meiner Persönlichkeit vereinigt. Vor meinem Publikum bin ich der Musiker, aber wenn ich die Tür zu unserem Haus aufschließe, bin ich kein schillernder Star mehr, sondern Ehepartner und Vater.

Meine Frau hat mir schon gleich zu Anfang unserer Beziehung den Zahn gezogen, ich könne meinen privilegierten Status von der Bühne mit nach Hause bringen. Dort bin ich eben kein großer Oboist oder Dirigent, sondern einfach nur Albrecht. Meine Künstlerallüren versuche ich, wie einen Mantel am Eingang abzulegen, denn nicht immer fällt mir dieser Übergang vom gefeierten Star zum Privatmann leicht. Doch erdet mich die Realität der Familie und deren Notwendigkeiten aber Gott sei Dank meist sehr schnell. Und das ist gut so!

Gleichzeitig hat meine Frau größtes Verständnis dafür, dass ich auch zu Hause gewisse Zeiten brauche, in denen ich üben und mich auf Konzerte vorbereiten kann. Sie selbst stammt aus einer bekannten Musikerfamilie und kennt die Bedürfnisse und Notwendigkeiten von Musikern von Kindesbeinen an. Ihre beiden Großväter waren bei den Berliner Philharmonikern, einer Solo-Trompeter, der andere erster Geiger, genauso wie ihr Vater Andreas Blau, der jahrzehntelang unser Soloflötist war. Augenzwinkernd könnte man – mich als angeheirateten Verwandten großzügig eingeschlossen – von einer kleinen philharmonischen Dynastie sprechen.

Auch unsere Tochter Laura, die sonst gerne energetisch und nicht immer gerade leise ist, hat schon gelernt, dass ihr Papa zwei Stunden vor einem Konzert eine Ruhezeit braucht, die niemand stören darf.

Meine Frau hat sich trotz ihrer familiären „Vorbelastung“ und ihres offensichtlichen Talents gegen eine Musikerkarriere entschieden. Sie ist Anwältin für Medien- und Urheberrecht und steht mir bei Vertragsverhandlungen kompetent zur Seite. Doch ihr ausgeprägtes musikalisches Gespür ist ein großes Plus, denn sie kann dadurch leichter Dinge verstehen, die mich betreffen und bewegen. Insofern sind wir – nicht nur auf dieser Ebene – ein perfektes Team.

Für meine wunderbare Familie bin ich unendlich dankbar. Nach einem wilden Leben und einer langen Suche ist mir vor 17 Jahren endlich die Liebe meines Lebens begegnet: meine wundervolle Alexandra. Ich habe sie auf einer Asienreise mit den Berliner Philharmonikern kennengelernt, auf der sie ihren Vater, meinen damaligen Kollegen, begleitete. Bei der Abschlussparty unserer Tournee im Gonpachi Club in Tokio, wo eine Schlüsselszene des Films „Kill Bill“ gedreht wurde, durfte ich mit Alexandra zum ersten Mal tanzen.

Mit ihrem umwerfenden und gleichzeitig natürlichen Lächeln hat sie mich sofort in ihren Bann gezogen. Es war um mich geschehen. Schon auf dem Rückflug nach Berlin wagte ich es, sie um ein Date zu bitten. Sie ließ mich aber ziemlich lange zappeln, denn sie wollte sichergehen, dass sie für mich keine Eintagsfliege ist. Doch ich wusste sofort, dass sie die Frau meines Lebens ist. Vier Jahre später feierten wir eine rauschende Hochzeit in Potsdam.

Alexandra ist eine ausgesprochene Frohnatur. Häufig wird sie auf ihr bezauberndes Lächeln angesprochen. Ich kenne ihr Gesicht fast nicht anders als lächelnd. Mein natürlicher Gesichtsausdruck hingegen wirkt wohl eher ernst. Selbst meine Frau fragt mich noch heute manchmal besorgt, obwohl sie mich natürlich in- und auswendig kennt, ob alles in Ordnung sei.

In meinem Fall ist das Gesicht nicht unbedingt der Spiegel meiner Seele. Selbst, wenn es mir sehr gut geht und ich ganz entspannt bin, deutet meine Mimik eher auf das Gegenteil. Man könnte meinen, ich sei traurig oder verärgert. Sogar mein hochgeschätzter Dirigent Kyrill Petrenko kam einmal auf mich zu und fragte nach einer Probe: „Lieber Albrecht, Sie schauen mich immer so streng an. Ist alles in Ordnung?“ Da musste ich tatsächlich lächelnd erwidern: „Sie wissen, ich schätze Sie über alle Maßen. Es ist alles bestens. Aber es tut mir leid, mein Gesicht ist einfach so.“

Es stimmt schon: Ich gehöre nicht von Natur aus zu den Sonnenscheinkindern dieser Welt. Gerade, wenn ich mich nicht in großen Gesellschaften aufhalte oder vor anderen Menschen spreche, bin ich eher schweigsam und zurückgezogen. Meine Frau sagt auch immer wieder zu Recht zu mir: „Unter Menschen bist Du das große Redewunder, der Animateur, derjenige, der die Runden lebendig macht. Aber zu Hause bist Du oft sehr still.“ Ja, ich bin auf Partys oder bei Interviews tatsächlich manchmal in meinem Redefluss kaum zu stoppen. Und kaum bin ich daheim, ziehe ich mich auch gerne phasenweise zurück und schweige ausgiebig.

Solche extremen Seiten kann man auch bei anderen Menschen, die im öffentlichen Leben stehen, beobachten. Vor allem bei Komikern oder Kabarettisten scheint das der Fall zu sein. „Spritzende Witz- und Wortwunder“ legen nicht selten auf der anderen Seite ihrer Persönlichkeit ganz ernste, zumindest nachdenkliche, aber in manchem Fall auch fast depressive Züge an den Tag. Ich kann das sehr gut nachvollziehen, denn als Künstler verausgabt man sich bei Auftritten, gibt alles, was man hat. Da muss der private Bereich ein Ort des Rückzugs und des Auftankens sein.

Auch wenn meine Frau es manchmal gerne anders hätte, versteht sie sehr gut, dass ich solche Phasen des Schweigens und des Rückzugs dringend brauche. Sie weiß ja: Das hat nichts mit Egoismus zu tun. Aber ein nicht unerheblicher Grad an Egozentrik lässt sich bei Musikern natürlich schlecht leugnen. Von klein auf sind wir es gewöhnt, viele Stunden des Tages über Jahrzehnte hinweg mit und an uns zu arbeiten. Da muss man sich ja als Mittelpunkt seines Universums verstehen. Einen wesentlichen Teil unseres Lebens verbringen wir damit, uns zu verbessern, damit wir unser Publikum bestmöglich erfreuen, erreichen, umarmen und verwöhnen können.

Einem Egoisten hingegen ist es offensichtlich egal, was andere über ihn denken. Aber mir und den meisten von meinen Mitstreitern ist es wichtig, was andere über uns denken. Ich brauche die Bestätigung, dass ich etwas wert bin und zu etwas tauge. Deshalb arbeite ich auch so hart an mir und meiner Musik. Und deshalb bin ich auch kein (!) Narzisst, wie man von so manchem Musiker vermuten könnte. Ich war noch nie in mich selbst verliebt! Ganz im Gegenteil.

𝄞

Normalerweise ist unser Familienleben auch geprägt von vielen Unterbrechungen und Abschieden. Denn als viel beschäftigter Musiker und gefragter Solist bin ich häufig unterwegs. Auch das kannte meine Frau schon aus ihrer Ursprungsfamilie und kann deshalb damit sehr gut umgehen. Dennoch schmecke ich immer einen Wermutstropfen, weil ich vieles von zu Hause nicht oder nur virtuell mitbekomme, wenn ich auf Konzertreise oft Hunderte oder Tausende von Kilometern entfernt bin.

Wieder zurück muss ich die neuesten Entwicklungen, vor allem die meiner Tochter, aufholen. Wenn ich lange weg war, muss ich auch die Nähe zwischen Vater und Tochter erst wieder behutsam herstellen. Das geht Gott sei Dank allerdings sehr schnell. Ich versuche, gemeinsam mit ihr viel Zeit zu verbringen, spazieren zu gehen oder Eis zu essen. Wir lieben es auch, gemeinsam Fahrrad zu fahren. Nebeneinander radeln wir die Seen zwischen Berlin und Potsdam ab. Es ist ganz klar: Wenn ich zu Hause bin, steht meine Familie an erster Stelle.

Ein wenig Luxus muss sein

Auch bekoche ich meine Liebsten gerne. Das ist die pure Entspannung für mich. Gutes Essen beziehungsweise hochwertige, manchmal gar luxuriöse Lebensmittel sind eine Leidenschaft von mir. Ich empfinde den Genuss von Kaviar und Trüffel als eine überaus große Bereicherung für meinen Gaumen. Wenn ich dann noch einen exzellenten Rotwein dazu trinken darf, fühle ich mich wie im Himmel.

Ich habe es mir zum Ziel gemacht, einmal alle Top-Weine der Welt im Laufe meines Lebens probiert und goutiert zu haben. Ich werde auch nie den Geschmack des Champagner von 1897 vergessen, den ich vor vielen Jahren in einem Weinkeller des fränkischen Schlosses am Plan in Küps kredenzt bekam.

Bei all diesen luxuriösen Geschmackserlebnissen, die ich mir heute ab und an leiste, kann ich sagen, dass ich auch als Student, mit wenig Geld und weitaus bescheideneren Ernährungsgewohnheiten als heute, nicht darben musste, und ich damals eigentlich nichts vermisst habe.

Ein weiteres Hobby ist meine Sammelleidenschaft für Armbanduhren. Ich besitze mittlerweile an die 100 Stück. Schon immer hat mich die Schönheit des Designs mancher Uhren, sowie deren Einzigartigkeit und kleinstteilige Mechanik überaus fasziniert. Lange Zeit konnte ich mir diese edlen Stücke nicht leisten. Zu meinen schönsten Alltagsfreuden gehört, dass ich heute jeden Tag ein anderes meiner gesammelten Kunstwerke am Handgelenk tragen darf.

Als ich einmal nach einem Gastspiel in Lausanne von meinem Freund Olivier Verrey, dem damaligen Geschäftsführer der Sandoz-Stiftung, eingeladen wurde, eine der besten Uhrenmanufakturen der Welt, nämlich Parmigiani in Fleurier im Schweizer Kanton Neuenburg, kennenzulernen, schlug mein Herz einen ganzen Tag lang höher. Der Uhrenmachermeister Michel Parmigiani zeigte mir damals höchstpersönlich seine neueste Kreation, in die er eine Minutenrepetition eingebaut hatte. Ein winzig kleiner goldener Hebel setzt eine Mechanik in Gang, die zur gewünschten Zeit ein Glockenspiel mit der Melodie des Big Ben aus London ertönen lässt. Zwei Jahre hatte der Maestro an diesem Einzelstück gearbeitet! Ich fühlte mich ihm sehr verbunden, denn er erinnerte mich an meine eigene Vorgehensweise bei der Entwicklung meiner Oboe. Als ich das Wunderwerk in die Hand nehmen durfte, stockte mir vor Bewunderung der Atem.

Doch das wahre Highlight erlebte ich erst am Abend, als meine Frau und ich zu Gast bei Olivier waren. Nach dem Essen breitete er zehn wunderbare Parmigiani-Uhren vor mir aus, die ich sogleich bewunderte. Lächelnd sah er mich an: „Bitte, such dir eine aus!" Ich sah ihn sprachlos an und konnte mein Glück nicht fassen. Ich werde nie vergessen, wie ich lange zögerte. Ich erinnerte mich in diesem Moment nämlich daran, wie ich mir schon als Jugendlicher an Schmuckgeschäften und Antiquitätenläden die Nase platt gedrückt hatte, wenn mir eine Uhr besonders gefiel, die dort ausgestellt war. Diese herrlichen Meisterwerke schienen mir damals unerreichbar. Jetzt ging einer meiner sehnlichsten Wünsche in Erfüllung. Die Uhr, die ich mir aussuchte, gehört seither zu den Favoriten meiner Sammlung. Ich trage sie, noch heute gerührt von dieser großzügigen Geste, voller Stolz.

Wenn es zu Hause in meinem Arbeitszimmer wieder einmal ganz leise wird, schleicht meine süße Laura zu mir herein und flüstert: „Na, Papi, schaust Du wieder Deine Uhren an?" Auch sie weiß schon, was mir die Schönheit meiner Uhren bedeutet.

Übrigens scheint sie auch ein großes musikalisches Talent geerbt zu haben. Da sie besonders schön am Klavier improvisiert, und da das außer ihrem Opa, meinem Vater Hans, niemand in der Familie so gut kann, scheint es einen Generationssprung gegeben zu haben. Aber auch an ihrem geliebten Kontrabass macht sich meine Tochter sehr gut.

Üblicherweise übt meine Frau mit ihr oder begleitet sie am Klavier. Doch seit Neuestem darf ich auch von Zeit zu Zeit übernehmen. Wie in meinen master classes gebe ich auch meiner Tochter viel positives Feedback, um sie zu motivieren. Das scheint ihr zu gefallen. „Mami", tröstete sie letzthin einmal meine Frau, „Sei nicht traurig, dass ich jetzt mit Papi geübt habe. Du weißt ja, er ist Profi."

𝄞

Ja, ich bin heute wirklich ein „Profi". Aber wer hätte es vor 45 Jahren geahnt, was in mir steckt und welcher Weg vor mir, diesem stotternden Enfant terrible, liegen würde.

Wie oft habe ich sogenannte Gutmenschen predigen hören, dass wir alle gleich sind, egal welche Haut- oder Haarfarbe, egal welches Geschlecht, ob dick oder dünn, groß oder klein oder aus welcher Kultur wir stammen. Doch 57 Jahre Lebenszeit haben mir gezeigt, dass das keineswegs der Fall ist.

Ich habe fast die gesamte Welt bereist, sowohl privat als auch als Musiker. Ich habe in jedem Erdteil, in jedem fremden Land und in jeder Stadt, in jedem noch so kleinen Dorf wunderbare, aber auch wirklich erschreckende Menschen getroffen. Ich darf tagtäglich mit so vielen Menschen, im Publikum oder als Kollegen, umgehen, habe unzählige Menschen kennengelernt.

Mein Resumée all dieser Beobachtungen und Erlebnisse ist eindeutig: Alle Menschen sind an sich tief im Herzen gut, aber eben nicht gleich! Sie unterscheiden sich nicht nur äußerlich, sondern auch innerlich sogar oft ganz bedeutend. Man weiß auf den ersten Blick nie, was in jedem Einzelnen von ihnen steckt.

Liebe Leser und Leserinnen, sollten Sie also irgendwann einem kleinen, blassen sommersprossigen Jungen begegnen, der große Mühe hat, sich zu artikulieren, der vielleicht Zeit braucht, um einen Satz vollständig auszusprechen, dann – bitte – gehen Sie behutsam und geduldig mit ihm um! Denn: Wer weiß, was noch aus ihm werden kann …

Danksagungen

Albrecht Mayer

Es gibt so viele Menschen, denen ich dankbar bin, weil sie mit Liebe und unendlichem Verständnis für meine Eigenheiten mit Rat und Tat mein Leben glücklich gemacht haben:

An allererster Stelle danke ich meinen Eltern, die mir mit der Oboe ein Instrument zu meiner Selbstbefreiung in die Hand gegeben haben. Sie haben mich auf meinem Weg zum Profimusiker immer mit voller Kraft unterstützt.

Ich danke meiner überaus geliebten Oma Anni – Gott hab' sie selig – für alles, was sie mir gegeben hat.

Liebste Alexandra, ich danke Dir mit meinem ganzen Herzen für Deine liebevolle Unterstützung bei allem, was mir wichtig ist.

Meine liebe Laura, mein Engelchen, danke, dass Du jeden meiner Tage verzauberst! Ich liebe Euch beide über alles.

Ich danke allen meinen Lehrern, die sich die Mühe gemacht haben, meine Talente zu entdecken und zu fördern.

Mein Dank gebührt auch dem wunderbaren Team der Deutschen Grammophon, die einen entscheidenden Anteil an der Verwirklichung meiner musikalischen Träume hat.

Ich danke Heidi Anna, meiner grandiosen Co-Autorin für ihre Geduld, ihre Fähigkeit, mich nicht den roten Faden verlieren zu lassen und die Begleitung bei meinem Herzensprojekt.

Gemeinsam mit ihr danke ich auch Sarah Koller und Ilka Walter vom adeo Verlag für die wunderbare und inspirierte Zusammenarbeit.

Last but not least: Ich danke meinem Publikum auf der ganzen Welt: „Was wäre ich ohne Sie und Ihre Liebe für meine Musik?!"

Heidi Friedrich

Ich danke Albrecht für sein Vertrauen in mich.

Es war mir eine große Ehre und auch Freude, mit Albrecht – sowohl dem fantastischen Musiker als auch dem wunderbaren Menschen – zusammenarbeiten zu dürfen.

Ich danke meinem Vater, Kurt Friedrich, der Trompeter bei den Stuttgarter Philharmonikern sowie an den Theatern in Altenburg und Dessau war, dafür, dass er mir Mozarts Worte vorgelebt hat:

„Ohne Musik wär' alles nichts."

Ich danke meinem geliebten Gisbert Dahmen-Wassenberg dafür, dass er unserer Tochter Fritzi die Musik mit in die Wiege gelegt hat.